So pflege ich meine Orchideen

Das Praxisbuch

JÖRN PINSKE

blv

Was Sie in diesem Buch finden

6 Orchideen – Herkunft und Merkmale
- 8 Orchideen entdecken
- 9 Lebensweise
- 10 Bau der Blüte
- 11 Wuchsformen
- 12 Botanische Besonderheiten
- 13 Wurzeln
- 14 Blätter
- 14 Züchtung und Vermehrung
- 15 Orchideen teilen

16 Phalaenopsis
- 18 Vielfältige Gattung
- 19 Blüten und Besondere Formen
- 21 Pflege
- 22 Standort
- 22 Wurzeln
- 23 Blätter
- 24 Umtopfen
- 25 Gießen und Düngen
- 26 Krankheiten und Schädlinge
- 27 Pflegebesonderheiten
- 27 Hydrokultur

28 Miltonien
- 30 Atemberaubende Blütenwunder
- 31 Blüten
- 32 Standort
- 32 Wurzeln
- 32 Umtopfen
- 33 Gießen und Düngen
- 34 Krankheiten und Schädlinge
- 34 Pflegebesonderheiten
- 35 Hydrokultur

36 Mehrgattungshybriden
- 38 Artenreichtum und Formenvielfalt
- 39 Blüten
- 40 Pflege
- 42 Standort
- 42 Wurzeln
- 43 Umtopfen
- 44 Gießen und Düngen
- 44 Krankheiten und Schädlinge
- 45 Pflegebesonderheiten
- 45 Hydrokultur

46 Oncidium
- 48 Die meisten fangen klein an
- 49 Blüten
- 50 Standort
- 50 Wurzeln und Neutriebe
- 51 Umtopfen
- 51 Gießen und Düngen
- 52 Krankheiten und Schädlinge
- 53 Pflegebesonderheiten

54 Cymbidium
- 56 Haltbare Blühwunder
- 57 Blüten
- 58 Standort
- 59 Wurzeln und Neutriebe
- 60 Umtopfen
- 60 Gießen und Düngen
- 61 Pflegebesonderheiten

62 Paphiopedilum
- 64 Stars auf der Fensterbank
- 65 Blüten
- 66 Standort und Pflege

67 Wurzeln und Neutriebe
67 Umtopfen
68 Gießen und Düngung
69 Krankheiten und Schädlinge
69 Hydrokultur

70 Dendrobium

72 Artenreiche Vielfalt
73 Blüten
73 Pflege
74 Wurzeln und Neutriebe
74 Umtopfen
75 Gießen
75 Krankheiten und Schädlinge

76 Vanda

78 Exklusive Schönheiten
79 Blüten
79 Standort
80 Wurzeln
80 Umtopfen
80 Gießen und Düngen
81 Hydrokultur

82 Zygopetalum

84 Duftiger Geheimtipp
85 Blüten
85 Standort
86 Gießen
86 Wurzeln
87 Umtopfen
87 Hydrokultur
87 Besonderheiten

88 Cattleya

90 Gut für Überraschungen
91 Blüten
92 Standort
92 Pflege
93 Wurzeln und Neutriebe
94 Umtopfen und Vermehren
94 Gießen und Düngen
95 Pflegebesonderheiten
95 Krankheiten und Schädlinge

96 Orchideen pflegen und vermehren

98 Grundlagen der Pflege
106 Orchideen vermehren
110 Orchideen umtopfen
114 Seramis, Hydrokultur & Co.
118 Krankheiten, Schädlinge, Pflegefehler

124 Anhang

124 Adressen, die Ihnen weiterhelfen
127 Über den Autor/Impressum

Orchideen – Herkunft und Merkmale

Welche Blüte ist die schönste im Pflanzenreich? Ist es die Rose, die Orchidee oder gar eine Lilie? Wer will das bestimmen. Damit eine schöne Orchidee aber immer schön bleibt, muss man sie pflegen. Und wie das gelingt, wird in diesem Ratgeber beschrieben. Für die wichtigsten Gattungen werden Pflegehinweise gegeben, die reiche Bebilderung veranschaulicht die Texte.

Orchideen entdecken

Orchideen galten bis in die Mitte des vorigen Jahrhunderts als ein Synonym für Exklusivität und waren nur für die »Reichen und Schönen« erreichbar. Dann gab es da noch die Gärtner und Sammler, die botanisch besonders interessiert waren. Fast eine »verschworene« Gemeinschaft. Woran lag das? Orchideen waren nur selten im Handel zu finden, zumindest in Europa, und wurden in nur wenigen Gärtnereien kultiviert. Der Grund war die schwierige, besser unmögliche, gärtnerische Vermehrung. Dabei sind die Orchideen eigentlich nach den Korbblütlern (Asteraceae) weltweit die zweitgrößte Familie unter den bedecktsamigen Blütenpflanzen. Etwa 1 000 Gattungen mit 15 000 – 30 000 Arten kennen wir, gezählt hat sie bis heute niemand!

Man kann Orchideen nicht einfach aussäen oder beliebig viele Stecklinge schneiden. Nur mühsam lassen sich die Pflanzen durch Teilung vermehren – und das dauerte manchmal Jahre! Und wenn es Erfolge durch Aussaat gab, war die Zahl der Nachkommen eher bescheiden und sehr unterschiedlich in den Eigenschaften. Viele der Pflanzen wurden darum schon früh direkt aus ihren Herkunftsländern importiert. Das blieb so bis 1976, denn erst ab dann wurden Orchideen unter Schutz gestellt, vor allem durch das Artenschutzabkommen (CITES).

Davor brachten Orchideen richtig viel Geld. Nur ein Beispiel: 1889 wurden 100 000 *Odontoglossum crispum,* der Stern von Kolumbien, exportiert und es wird berichtet, dass dafür jeweils 10 000 Bäume für 4 000 gesammelte Pflanzen gefällt wurden. Die meisten der gesammelten Pflanzen erreichten ihr Ziel aber gar nicht lebend, denn die Transporte zu Land und Wasser waren beschwerlich und zeitaufwendig. Erst der Lufttransport verbesserte die Erfolgsquote – und förderte den Raubbau. So gehörte der Frauenschuh *(Paphiopedilum)* zu den ersten Zimmerorchideen in Europa und den USA. Er kam aus Thailand und Vietnam und kostete damals – bereits getopft – 6 €. Allein eine Gärtnerei in Mannheim erhielt mit einer Sendung manchmal 8 000 *Paphiopedilum callosum*.

Ob Stiefmütterchen-Orchidee oder *Miltonia,* richtig muss es heute *Miltoniopsis*-Hybride heißen.

Lebensweise

In der Luft, auf der Erde, aber auch auf Stein gedeihen die meisten tropischen Orchideen – und aus den Tropen kommen fast alle Zimmerorchideen, denn sie wachsen als sogenannte **Epiphyten**, (griechisch *epi* = auf, über; *phyton* = Pflanze), das heißt, sie sitzen als Epyphyten auf anderen Pflanzen. Nur in den Baumwipfeln bekommen sie Licht. Die Wurzeln klammern sich an Äste und Zweige, einige ragen auch in die Luft. Als Nahrung dient, was abgelagert ist und was der Regen und die hohe Luftfeuchtigkeit herantragen.

Einige Orchideen sind im Boden »verwurzelt«, sie wachsen **terrestrisch** (von lateinisch: *terra*, Erde, erdgebunden). Zu diesen gehören der Frauenschuh, und zwar nicht nur die tropischen Vertreter, sondern auch die heimische Gattung *Cypripedium*, von der jetzt auch viele Gartenorchideen im Handel sind; allerdings weniger in Orchideen-, als in Staudengärtnereien. Man kann sie aber nicht wie normale Stauden pflegen. Kulturhinweise unbedingt beachten!

Wenige Orchideen wie *Laelia*-Hybriden (Bild), begnügen sich sogar mit Felsen als Unterlage, diese bezeichnet man als **Lithophyten** (griechisch *lithos* = Stein und *phytón* = Pflanze). Für die Pflege zu Hause spielt das aber keine große Rolle, zumal von den lithophytisch wachsenden Pflanzen in der Regel nur Hybriden angeboten werden. Manchmal kann der Zusatz von Lava oder Ton zum Substrat eine positive Wirkung haben.

Bau der Blüte

Ein Merkmal gibt es bei allen Orchideen – besser, bei fast allen: die sogenannte **Säule**. Sie entsteht durch das teilweise oder vollständige Zusammenwachsen des einzigen fruchtbaren Staubblattes und des Stempels. Nur bei der Gruppe der Frauenschuhe sind noch zwei Staubblätter erhalten geblieben. Dann sind da noch die Pollenkörner, die bei den Orchideen zu Pollinien »zusammenkleben«. Bei der Bestimmung der Art haben es die Botaniker nicht immer einfach.

Orchideen bilden in ihrem unterständigen Fruchtknoten zahlreiche **extrem kleine Samen** (Bild im Vergleich zu einer Erbse), die nicht ohne Hilfe (Symbiosepilze) keimfähig sind. Die bekannteste Samenkapsel ist die Vanille, in der auch noch fermentiert die Samen erkennbar sind. Sie hat neben der Bedeutung als Gewürz mittlerweile auch als Pflanze einen festen Platz im Sortiment, wenn man auch viel Geduld benötigt wird, bis man sich an der Blüte erfreuen kann.

In der Orchideenblüte leicht zu erkennen ist das dritte Kronblatt (Petalum). Es wird **Lippe** oder Labellum genannt und steht dem fruchtbaren Staubblatt gegenüber. Die Blüte besteht immer aus zwei spiegelgleichen Hälften. Die Blüten der meisten Orchideenarten drehen sich von der Knospenbildung bis zur Blütenentfaltung um 180° (Resupination). Danach befindet sich die Lippe unten und kann in der Folge von Insekten besser angeflogen werden.

Wuchsformen

Immer hoch hinaus wollen viele Orchideen, und damit ist nicht nur die epiphytische Lebensweise, sondern bei einigen auch der Habitus gemeint. Sie bilden einen **beblätterten »Stamm«**, der nach oben wächst. Die Wurzeln bilden Neutriebe, das Längenwachstum ist unbegrenzt. Die meisten Orchideenarten stammen aus Asien. Typisch sind die Vandeen (im Bild), aber auch *Phalaenopsis* gehört zu den monopodial wachsenden Orchideen – so bezeichnet man diese Gruppe.

Anders die **sympodial wachsenden Orchideen**. Bei ihnen erscheint der Neutrieb am Ende der Ruhephase an der Spitze eines Rhizoms. Rhizome sind horizontale Sprossachsen, mehr oder weniger lang und der Neutrieb erscheint deshalb entweder unmittelbar am Bulb oder in einiger Entfernung dazu. Solche Orchideen lassen sich leichter »teilen«, weil sie sich wie Stauden im Garten verzweigen.

Ein anderer Name für die Bulben ist Scheinzwiebel oder auch **Pseudobulben**. Orchideengärtner verwenden auch gerne die Bezeichnung Rückbulben. Die **Bulben** bestehen eigentlich aus Speichergewebe, sie sind gewissermaßen verdickte Internodien, also Teile der Sprossachse. Diesmal stehen sie senkrecht und bilden ein oder mehrere Blätter, häufig sind sie mehrjährig, haben aber oft nur eine Vegetationsperiode. Im Bulb werden Assimilate als Reserve gespeichert, damit kann die Orchidee eine Ruheperiode überdauern.

Botanische Besonderheiten

Orchideen haben Luftwurzeln, das muss man bei der Pflege und der Orchideenerde berücksichtigen.

Wer hoch hinaus will, und das wollen die meisten Orchideen, muss sich zu helfen wissen, Strategien entwickeln, sich anpassen und besser sein als andere. Das ist bei den Orchideen nicht anders als bei uns im Büro. Um wirklich erfolgreich zu sein, muss man langfristig planen, Kontakte pflegen – und vor allem beobachten.

Wer Orchideen pflegen will, sollte die Eigenarten der Familie kennen. Was sind also die Unterschiede zu anderen Zimmerpflanzen und wie wirken sie sich aus? Durch die meist epiphytische Lebensweise der Zimmerorchideen sollte man die Bedeutung der Luftwurzeln und damit die der Luftfeuchtigkeit für die Pflege kennen. Wie bei den meisten Zimmerpflanzen werden auch Orchideen vor allem durch zu viel Wasser »umgebracht«. Durch das sehr lose Substrat, die »Orchideenerde«, versucht man das zu verhindern. Doch setzt das eine gesunde Luftwurzel voraus. Schon beim Kauf sollte man den Zustand der Wurzeln als Kriterium mit einbeziehen. Bei der Pflege ist die Erhaltung der Wurzeln die wichtigste – und schwierigste – Aufgabe. Nur gesunde, aktive und funktionsfähige Wurzeln garantieren die Blüte! Zum Glück kann man die Wurzel schon an der Topfoberfläche erkennen. Praktisch sind dabei auch durchsichtige Töpfe, wie sie immer häufiger genutzt werden. Hier sieht man die Wurzel.

Wurzeln

Orchideenwurzeln unterscheiden sich von anderen Pflanzenwurzeln. Als sekundäre Wurzeln **entspringen** sie **immer dem Spross**, wachsen also flächig. Schon äußerlich fällt auf, dass sie recht umfangreich sind. Bei den Epiphyten sind sie mit einer weißen bis grauen, schwammartigen Zellschicht, dem **Velamen** umgeben. Natürlich haben auch andere Pflanzen »dicke« Wurzeln, aber alle enden in feineren Verzweigungen, ganz abgesehen von den mit bloßem Auge nicht sichtbaren feinen Haarwurzeln.

Luftwurzeln müssen viele Aufgaben übernehmen, aufgrund derer sie auch meist ihr Aussehen verändern. Die wichtigsten Funktionen sind:
- Verankerung der Pflanze, die Wurzel presst sich flach an die Unterlage.
- Speicherung der Assimilate; die Wurzel enthält Chlorophyll (Blattgrün).
- Versorgung der Pflanze mit Wasser und Nährstoffen, dazu werden das Velamen und die Durchlasszellen genutzt. Wurzeln benötigen Sauerstoff für die Atmung.
- Aufnahme der Pilze für die Mykrrhiza (Symbiose) zur Nahrungsaufbereitung.

Bei den Luftwurzeln (Bild: Querschnitt) besteht das **Velamen** aus langen, dickwandigen Zellen und kürzeren, lebenden Durchlasszellen. So können Wasser und Nährstoffe schnell aufgenommen und in das Pflanzeninnere weiter. Durch die epiphytische Lebensweise ist es für Orchideen wichtig, bei Regen das erste, besonders mineralreiche Wasser aufzufangen und zu speichern. Eigentlich funktioniert das wie bei einem Schwamm! Zusätzlich enthalten die Zellen Pilze, mit denen die Orchideen in Symbiose leben.

Blätter

Die **Blätter** der Orchideen haben grundsätzlich die gleichen Aufgaben, wie die aller grünen Pflanzen, können aber **sehr unterschiedlich in Form und Farbe** sein. Das Blatt verrät etwas über den Lichtbedarf der Orchideen. Dicke, fast sukkulente oder rötlich gefärbte Blätter weisen auf einen lichtreichen Standort hin. Große, eher weiche Blätter auf einen schattigen Platz. Ausnahmen sind natürlich möglich! Darüber hinaus wird die Orchidee sich den Standortgegebenheiten anpassen.

Wichtig ist die spezifische Lichtstärke, bei der die Fotosynthese die Sättigung erreicht, d. h. auch mehr Licht bringt dann keine besseren Ergebnisse in Bezug auf das Wachstum. Das Gegenteil davon ist der Kompensationspunkt, darunter versteht man die Lichtstärke, bei der sich Fotosynthese und die Atmung der Pflanze genau ausgleichen. Liegt der Eigenverbrauch für den Stoffwechsel über dem Zuwachs, verkümmert eine Pflanze.

Züchtung und Vermehrung

Die **staubfeinen Samen** und die symbiotische Lebensweise mit Pilzen wurden bereits erwähnt. Die gärtnerische Vermehrung von Orchideen über Samen findet bereits seit 1856 statt, als die **erste künstliche Orchideen-Hybride** zur Blüte kam, eine von dem englischen Orchideen-Gärtner John Dominy (1816–1891) gezüchtete und hier abgebildete *Calanthe* Harrisii. Ausgesät hatte er den Samen direkt auf der Mutterpflanze.

BOTANISCHE BESONDERHEITEN | 15

Nur wusste man zu diesem Zeitpunkt noch nicht, wie die Erfolge zu erklären waren. Die Pilze, die die Keimung ermöglichen, werden heute durch Nährstoffe im Labor ersetzt. Zusätzlich wird bei der Orchideenzucht die **Gewebevermehrung** angewendet, dabei werden meristematische Zellen (Wachstumsgewebe) aus Trieben entnommen und dann weiterkultiviert. Wiederum im Labor teilt man die Zellen, bis sie letztlich zu neuen, identischen Pflanzen heranwachsen. Orchideen im Handel enthalten also keine Pilze mehr.

In der Natur wird die **Bestäubung** meist von Insekten übernommen. In der Zucht übernimmt der Gärtner diese Aufgabe wie die Abbildung zeigt. Nachkommen, die aus Samen gezogen werden, können sehr unterschiedlich sein. Nur sehr wenige Orchideen entwickeln sich entsprechend dem Zuchtziel des Züchters. Die »Schönste« kann aus diesem Grund nur vegetativ – also durch Teilung – vermehrt werden. Letztlich ist die Gewebevermehrung aber auch nur eine vegetative Teilung.

Orchideen teilen

Für den Hobbygärtner bleibt meistens nur eine Möglichkeit Orchideen zu vermehren, und das ist der Weg der **Teilung**. Besonders **bei den sympodial wachsenden Orchideen** ist das leicht möglich. Eigentlich genügen Bulben, aus denen sich gesunde Triebe entwickeln können. Schwieriger sind **monopodial wachsende Orchideen** zu vermehren – letztlich ist das nur bei wenigen Gattungen **über Kopfstecklinge** möglich.

Phalaenopsis

Ob Falter- oder Schmetterlingsorchidee, gemeint ist immer die beliebteste Topfpflanze unter den Orchideen. Auf den folgenden Seiten erfährt man etwas über die Herkunft, wie oft man gießen muss oder ob man jedes Jahr umtopfen sollte. Welcher Pflanzstoff ist richtig? Warum hat meine *Phalaenopsis* so braune Flecken? Ist jeder Dünger geeignet, blühen alle *Phalaenopsis* so lange?

Vielfältige Gattung

Phalaenopsis Exotic Fire, elegant, geheimnisvoll. Die Sortenvielfalt lässt keine Wünsche offen.

Die Gattung *Phalaenopsis* umfasst ca. 70 Arten, die in Gebieten von Indien, über Südchina, Thailand, Indonesien, die Philippinen bis Australien heimisch sind. Die meisten Arten wachsen in einem tropischen Klima, aber mit Nachtkühle. Neben der Gattung *Doritis* werden zunehmend andere Gattungen als Kreuzungspartner gesucht – wichtig für die »normalen« Zimmerpflanzen *P. amabilis*, *P. schilleriana*, *P. equestris* und *P. violacea*. Alle genannten wachsen epiphytisch. Zum Namen: Der botanische Name leitet sich vom griechischen Wort *phalaina* (Motte, Falter) und -opsis (Aussehen) ab, da die Blüten der *Phalaenopsis amabilis* an tropische Nachtfalter erinnern. Deshalb wird sie auch gern als Schmetterlingsorchidee bezeichnet. Man kann dies am besten an den hängenden Blüten nachempfinden, die so »wieder« ihre natürliche Haltung einnehmen. Diese werden auch als »Waterfall-Orchideen«-Typen im Handel angeboten.
Die Gattung hat es immerhin auf **Platz 1 der beliebtesten Zimmerpflanzen** geschafft. Die wichtigsten Gründe dafür sind die lange Blütezeit und die perfekte Übereinstimmung mit der menschlichen Wohlfühl-Temperatur. Und nicht zuletzt die relativ einfache Pflege. Dazu die problemlose Verwendung in unterschiedlichen Pflegesystemen, wie LECHUZA oder SERAMIS, aber auch in Hydrokultur. Dazu sind sie auch noch besonders dekorativ, ob groß oder klein.

Blüten

Die Blüten der *Phalaenopsis* zeichnen sich durch ihre **klare Form** aus, **in Farbe und Größe** sind sie jedoch **sehr unterschiedlich**. Die Blütenstände entspringen seitlich der Sprossachse zwischen den Blättern. Sie wachsen, zumindest bei den großblütigen Sorten, zunächst aufrecht, um sich dann bogenförmig nach vorn zu neigen, wenn man sie nicht an einem Stab befestigt und führt.

Manche Sorten wie die hier gezeigt *Phalaenopsis mannii* blühen an einer **verzweigten Rispe**, an der sich fortwährend neue Knospen bilden, manchmal sogar über Monate. Andere bilden einen Blütenstand, der sich nicht verzweigt und jährlich nur einmal gebildet wird. Bei einigen kleineren Sorten und Arten können die Blütenstände über mehrere Jahre aktiv bleiben und laufend neue Blüten entwickeln. Hier kann es auch, neben den Blüten, zur Kindelbildung kommen, ohne dass Kulturfehler vorliegen.

Die **Blütenblätter** der Sorten sind **unterschiedlich**, manche sind eher zart, fast durchscheinend, andere fest wie Wachs wie bei dieser *Phalaenopsis* Sogo 'Diana'. Die ohnehin sehr lange Haltbarkeit der Blüten variiert aber doch von Sorte zu Sorte. Weniger als zehn Wochen sollte es allerdings bei keiner Sorte sein. Bei einer geringeren Blütezeit sind die Kulturbedingungen und nicht zuletzt der Zustand der Pflanze zu prüfen!

Besondere Formen

Mini-Phalaenopsis 'Little Lady', auch **»Office Orchids«** oder die hier abgebildete *Phalaenopsis* 'Table Dance', sind mehr oder weniger kleinblütige Sorten. Sie kultiviert man entweder im extrem kleinen oder im 8–10 cm großen Topf. Übrigens bleiben solche Pflanzen nicht klein! Nach einiger Zeit müssen sie daher umgesetzt werden, die Pflanzen werden eher mittelgroß. Die Blüten bleiben dagegen klein. Pflanzen, die ausschließlich in Sphagnum kultiviert wurden, müssen früher umgesetzt werden.

»Waterfall-Orchideen« sind überhängende Orchideen, manchmal auch als Tropfen geformt. Sie bilden meist lange Rispen mit über zehn Blüten, die in Bogenform gebunden werden. Das natürliche Aussehen lässt die eigentlich lange Rispe anmutig erscheinen. Manchmal werden auch mehrere Pflanzen in ein Gefäß gebracht, dies ist sehr attraktiv, aber auch schwierig in der dauerhaften Pflege.

Duftende Phalaenopsis-Sorten haben ihren Ursprung meist in *Phalaenopsis bellina* (Syn.: *Ph. violaceae*). Sie verströmen einen extrem verführerischen Duft, vor allem bei Wärme, dazu sind die Blüten recht haltbar. Leider werden sie nicht oft angeboten, am häufigsten noch die hier gezeigte *Phalaenopsis* 'Liodoro' und *Phalaenopsis* 'Mini Mark'. Mit etwas Geduld hat man aber sicher Glück bei Spezialversendern.

Pflege

Phalaenopsis blühen über die sogenannten Terminalknospen an der Spitze der Rispe. **Nach dem Abblühen** besteht jedoch die Chance auf eine **neue Rispe**, wenn man zuvor den Stiel einkürzt. Am Stiel befinden sich Stielknoten (Nodien), sie sind die Anlagen für eine Blüte, ein Blatt oder eine ganze Rispe. Am teilungsfreudigsten sind die oberen Nodien, von denen mindestens drei am Stiel verbleiben. Abgeschnitten wird etwa 2 cm oberhalb eines Nodiums. Erfolgsquote: 70%.

Braune Stiele, die also eingetrocknet sind, oder schwache und kranke Pflanzen werden immer **ganz unten an der Basis abgeschnitten**. Nur so können *Phalaenopsis* regenerieren. Die zweite Rispe also nur an kräftigen, gesunden Exemplaren belassen und im Zweifel abschneiden – das ist auch gut für die Pflanze!

Sollten sich **nicht alle Knospen entwickeln**, kann das ursächlich mit jahreszeitlich bedingtem Lichtmangel, der Witterung, einer Umstellung, Heizungsnähe, Zugluft, Rauch, Ethylen aus Obst oder an einem Standort in der Nähe des Fernsehers liegen. Häufig beobachtet man das bei gerade einmal erbsengroßen Knospen, sie trocknen ein oder fallen ganz ab. Auch hier die Rispe wie oben beschrieben zurückschneiden.

Standort

Phalaenopsis zählen zu den Warmhaus-Orchideen. Das bedeutet, dass die **Temperaturen nie unter 14° C** sinken sollten – daher vertragen sie auch dauerhaft keinen Aufenthalt im Freien. 20 °C am Tag, nachts 17 °C sind ideal. Dabei sollten sie **so lichtreich wie möglich** stehen, Südfenster aber unbedingt schattieren. An West- oder Ostfenstern ist eine Schattierung nicht notwendig, Nordfenster sind ebenfalls möglich. Blütengröße, -haltbarkeit und Farbintensität können dort aber geringer sein.

Die Pflanzen bevorzugen als Epiphyten eine **Luftfeuchtigkeit** von 50 %. Wo dies nicht gegeben ist, sollte man die Pflanze regelmäßig mit weichem Wasser, idealerweise Regenwasser, besprühen. Dabei auch die Blattunterseiten mit einbeziehen. Das Sprühen darf aber nicht das Gießen ersetzen! Nie in der prallen Sonne sprühen, die Blüten dürfen nicht nass werden.

Wurzeln

Die Wurzeln der *Phalaenopsis* sind typische **Luftwurzeln**, zur Befestigung entwickeln sie sich eher flach am Topfrand oder an der Unterlage. Als Luftwurzel ragen sie rundlich in die Luft oder in das Substrat. Luftwurzeln dürfen niemals einfach abgeschnitten werden! Sie versorgen die Pflanze über das Substrat oder aus der Luftfeuchtigkeit. Unter günstigen Bedingungen befinden sie sich mehrheitlich im Substrat.

VIELFÄLTIGE GATTUNG | 23

Im trockenen Zustand ist das **Velamen** weiß bis grau. Sobald genügend Feuchtigkeit aufgenommen wurde, erkennt man den grünen Chlorophyllkern. Die Wurzeln nehmen Wasser auf, können aber auch assimilieren, da sie wie das Blatt ein Stoffwechselorgan sind. Darum empfiehlt sich die Verwendung von transparenten Innen- und Übertöpfen.

Blätter

Der **Neutrieb** an der Spitze (monopodial) einer *Phalaenopsis* wird auch **Herzblatt** genannt. Er ist das Signal für die neue Wachstumsphase. Denn auch *Phalaenopsis* kennen eine Ruhezeit, die allerdings nur recht kurz ist und auch keine Temperaturabsenkung erforderlich macht. Allerdings kann eine deutliche Nachtabsenkung der Temperatur die Induktion der Blüte fördern.

Phalaenopsis haben je nach Art und Sorte **unterschiedliche Blätter**. Die meisten Hybriden sind fast sukkulent und mehr hell- als dunkelgrün, manche auch gefleckt dunkelgrün/silbrig. Pro Saison bilden sich zwei neue Blätter, an der Basis werden dafür zwei abgestoßen. Die Blätter sollen an der Oberfläche glänzen und festes Gewebe haben. Schlaffe Blätter deuten auf geschädigte Wurzeln und meist zu viel Wasser hin.

Gelbe Blätter möglichst eintrocknen lassen, keinesfalls einfach abreißen. Wenn das Entfernen notwendig wird, mittig einreißen und beide Teile vorsichtig seitlich abziehen. Beschädigungen sind zu vermeiden. Bei einem Bruch der Blätter (Transportschaden) direkt an der Bruchstelle mit einem scharfen Messer abtrennen, die Schnittstelle antrocknen lassen.

Umtopfen

Beim Umtopfen **nicht zu große Töpfe wählen** und **mittig pflanzen**, die Orchideen ohne Wurzeln anbinden. Der Wurzelkranz entspricht dabei der Pflanzhöhe. Verholzte Sprossachsen bis zur Blatthöhe einkürzen, dabei nicht in lebendes Gewebe schneiden, und die Pflanzen dann entsprechend tiefer setzen. Wurzeln, die keinen Platz im Gefäß finden, werden eingekürzt. Luftwurzeln, die horizontal wachsen, kann man getrost außerhalb lassen, man darf sie nur nicht beschädigen!

Als Substrat für *Phalaenopsis*, außer für Jungpflanzen, Pinienrinde nicht unter 10–25 mm Durchmesser verwenden und dabei auf gute Qualität achten. Das Substrat vor der Verwendung anfeuchten, dann angießen und im Anschluss die Pflanzen für **mindestens zwei Wochen nur besprühen**, vor allem auch die Blattunterseiten. Bei *Phalaenopsis* öffnen sich die Spaltöffnungen für den Gasaustausch überwiegend bei Nacht und nicht am Tag, um bei Trockenheit einen Wasserverlust der Blätter zu vermeiden.

Nach dem Umtopfen kann man Pflanzen mit wenig Wurzeln für bis zu sechs Wochen unter einer Folie halten, dafür eignet sich auch eine transparente Tüte. Nach dem ersten kräftigen Angießen nur noch sprühen und vor Sonne schützen. Geschädigte, schlaffe Pflanzen kann man zuvor in einer Zuckerlösung baden (1 Teelöffel Zucker auf 1 Liter Wasser). Die Orchidee anschließend für ca. eine Stunde in handwarmem Wasser baden.

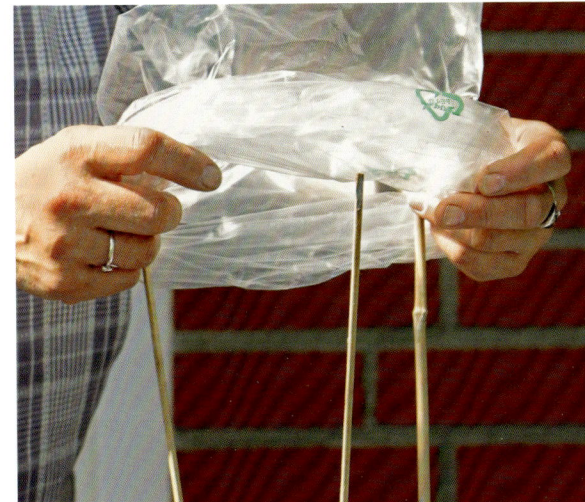

Gießen und Düngen

Kaltes **Gießwasser** unter 20 °C direkt aus dem Wasserhahn mögen *Phalaenopsis* überhaupt nicht. Die Folgen sind Wurzelerkrankungen und Bakteriosen. Große Pflanzen verlangen natürlich mehr Wasser als kleine und die Gattung benötigt ohnehin mehr als andere, wie z. B. *Cattleya*. Düngung ist auch wichtig, denn unter den Orchideen zählt *Phalaenopsis* zu den Starkzehrern.

Phalaenopsis reagieren durchaus dankbar, wenn man sie häufiger **mit einer Düngerlösung übersprüht** – natürlich darf die Dosierung dann nur gering sein. Die Herstellerangaben werden noch einmal um die Hälfte reduziert. Die Düngerlösung zeitnah verbrauchen und immer wieder frisch ansetzen. Nicht in die Blüte sprühen, nicht bei Sonne anwenden. Auch das Herzblatt immer verschonen und nicht besprühen!

Krankheiten und Schädlinge

Bei Krankheiten unbedingt einen **Fachmann hinzuziehen**! Es können Bakterien- und Pilzkrankheiten vorkommen. Spinnmilben, Thripse, Schild- und Schmierläuse befallen die Pflanzen. Sichtbare Läuse mit einem Wattestäbchen vorsichtig entfernen, dann Spritzmittel verwenden. Grauschimmel (Botrytis), ein typischer Schwächeparasit, der häufig die Blüten befällt, muss verhindert werden. Zu kühle und feuchte Nachttemperaturen fördern Grauschimmel. Befallene Blüte sofort entfernen.

Herzfäule ist im Wohnraum eher selten, Wasser darf nicht im Trieb verbleiben. Am einfachsten die Pflanzen nur am Morgen gießen, damit die Blätter gut abtrocknen können. Falls dann doch Wasser in das Herz der Pflanze läuft, kann man dies mit einem Papiertaschentuch aufsaugen. Bei Befall den Trieb entfernen und die befallene Stelle mit Holzkohlepuder behandeln. Mit etwas Glück entwickelt sich an der Basis ein Kindel.

Pflegebesonderheiten

Wenn die Blüten an einer Rispe, aber auch bei der nächsten Rispe **plötzlich kleiner werden** und sogar die Farbe ändern, hat das zwei Ursachen. Die Pflanze hat nicht genug Kraft (Nährstoffmangel!) oder die Lichtverhältnisse haben sich verändert (Jahreszeit, Witterung). Im Bild *Phalaenopsis* Sogo 'Mandolin', auch als Kuhflecken-Orchidee im Handel.

Phalaenopsis können bereits **Schaden** nehmen, wenn die Blätter oder Blüten **bei Frostwetter** die kalte Fensterscheibe berühren. Ein Streifen Luftpolsterfolie an der Scheibe schützt die Pflanzen vor der Kälte. Auch eiskalte Zugluft ist schädlich. Beim Transport im Winter ist immer (kaltes Auto!) zu gewährleisten, das dieser frostfrei erfolgt. Im Sommer muss natürlich gleichermaßen vor Hitze geschützt werden.

Phalaenopsis sind für den **Gartenaufenthalt im Sommer nicht geeignet**, die Nachttemperatur ist in unseren Breiten einfach zu niedrig. Allerdings kann man die Pflanzen durchaus einmal bei Regen im Sommer in den Garten oder auf den Balkon stellen. So eine erfrischende Dusche bekommt allen Orchideen.

Hydrokultur

Phalaenopsis eignen sich ideal für die Kultur in **SERAMIS®-Orchideen-Pflanzsubstrat**, jedoch nicht für Zimmerpflanzensubstrat, aber auch für LECHUZA® und andere Bewässerungssysteme. Aufbinden ist möglich. Kindel erst nach der Wurzelbildung entfernen und zunächst in feineres Material oder Sphagnum eintopfen.

Miltonien

Weshalb die Miltonia auch Stiefmütterchen-Orchideen genannt werden, kann man sofort erkennen. Doch woher sie kommen, warum sie eigentlich anders heißen und warum sie manchmal nicht einfach zu pflegen sind, erfährt man auf den folgenden Seiten – auch welche Kreuzungspartner die Gattung pflegeleichter machen und weshalb man keine zu großen Töpfe beim Umtopfen wählen soll.

Atemberaubende Blütenwunder

Bekannt ist die Gattung auch als **»Stiefmütterchen-Orchidee«**. Alle stammen aus Südamerika. Drei Arten sind die Vorfahren aller modernen Hybriden, sie haben ihre Heimat in Kolumbien, Ecuador und Panama, wo sie im heißen und feuchten Flachland *(Miltoniopsis roezlii)*, im relativ kühlen, feuchten Nebelwald *(Miltoniopsis vexillaria)* oder im immerfeuchten Tropenwald *(Miltoniopsis phalaenopsis)* leben. »Immerfeucht« bedeutet: Feuchtigkeit, die in Form von Regen, Nebel oder Tau das ganze Jahr über verfügbar ist.

Botanisch hießen diese Orchideen früher *Miltonia*, einige Arten heute aber *Miltoniopsis*. Unterschiede zwischen *Miltonia* und *Miltoniopsis* sind in der Blüte, aber auch im Habitus zu finden. So hat *Miltoniopsis* ein Blatt, während *Miltonia* zwei Blätter auf dem Bulb besitzen. Früher wurden allerdings beide Gattungen als *Miltonia* geführt, was auch heute noch für die Hybriden gilt! Außerdem hat *Miltoniopsis* abgeflachte Bulben, die eng beieinandersitzen, während die Bulben der meisten *Miltonia* durch Rhizome getrennt sind.

Miltonia Newton Falls *(Miltonia* Hamburg × *Miltonia* Goodnews Bay), eine Züchtung aus dem Jahr 1990 mit sehr farbintensiven Blüten.

Blüten

Die **Blütengröße** der *Miltoniopsis* variiert von 4–15 cm Durchmesser: je größer, umso weniger Blüten. Das Farbspiel reicht dabei von Weiß über Rosa, Lila, Dunkel- und Hellgelb bis leuchtend Rot. Sepalen und Petalen stellen sich sehr variabel, aber eher flach dar. Die auffällige Lippe ist am Grunde geöhrt und durch eine kielartige Leiste fest mit der Säule in der Mitte der Blüte verbunden.

Bei den typischen *Miltoniopsis* bildet jede ausgewachsene Pseudobulbe seitlich am Grund einen Blütenstand, der meist 3–6 Blüten trägt, die manchmal mehr als sechs Wochen halten. Fast alle verströmen einen angenehmen Duft. Eine schon recht alte Sorte ist die hier gezeigte *Miltonia* Celle mit ihrer wundervollen **Tropfenzeichnung**. Sie wurde aus diesem Grund vielfach zur Hybridzüchtung genutzt.

Sind die Blüten dann doch irgendwann **verblüht**, wartet man immer, bis der Trieb braun und trocken wird. Erst danach werden die alten Rispen vorsichtig nach oben abgezogen. Dabei darf die Basis der Bulbe nicht beschädigt werden. Übrigens: Schlaffe Bulben nach der Blüte sind ein Zeichen von Erschöpfung, entweder durch die Blütenzahl oder aber, was ungünstiger ist, durch mangelnde Versorgung z. B. bedingt durch beispielsweise Wurzelschäden.

MILTONIEN

Standort

Leider gelten *Miltoniopsis* als schwierig, allerdings eigentlich nur im Vergleich zu *Phalaenopsis*. *Miltoniopsis* werden **das ganze Jahr hindurch feucht gehalten**. Bei der Temperatur vertragen sie es **eher warm**: 19–25 °C, die Nächte durchschnittlich 16–18 °C. Was sie nicht mögen, sind Temperaturen über 30 °C – also doch eher wie *Phalaenopsis*. Im Winter kann es auch geringfügig kühler werden.

Wurzeln

Die Wurzeln sind **eher dünn**, recht kurz und wenig verzweigt, dazu **extrem salzempfindlich**. Es ist sehr erfreulich, wenn sie sich nicht nur oberflächlich im Topf ausbreiten. Sie zu erhalten ist die schwierigste Aufgabe überhaupt! Vorbeugend kann man die Topfoberfläche mit Sphagnum-Moos abdecken, das schützt vor Versalzung.

Umtopfen

Beim Umtopfen werden **Kunststoff-Töpfe** bevorzugt, da sie mehr Feuchtigkeit halten und Verdunstungskälte vermeiden helfen. Wichtig ist es, kleine Töpfe zu verwenden, da die Rhizome eng beieinander bleiben und so Staunässe vermieden wird. Durchsichtige Töpfe sind nicht notwendig! Zusätzliche Löcher im Topf vermeiden. Staunässe Abdecken mit Moos ist ratsam.

Gießen und Düngen

Miltoniopsis werden zwar ganzjährig, im Winter jedoch etwas trockener. **Das Substrat sollte** antrocknen, aber **nie komplett austrocknen**. Die Luftfeuchtigkeit sollte stets hoch sein, häufiges Übersprühen ist nützlich, jedoch nicht abends und nicht bei Sonne sprühen – zum Schutz der empfindlichen Blätter. Im Bild: *Miltonia* 'Beethoven'.

Düngen ist notwendig, aber schwierig. Wer Fehler vermeiden will, sollte für die *Miltoniopsis* bei Verwendung eines handelsüblichen Orchideendüngers immer die Dosierung um die Hälfte reduzieren. Dafür ruhig etwas häufiger düngen. Üblich wäre bei jeder dritten Gießgabe, in der Wachstumszeit durchaus bei jedem zweiten Gießen. In der Ruhe weniger! Prächtige Erfolge sind sicher, wie etwa bei der hier gezeigten *Miltonia* 'Luzifer'.

Krankheiten und Schädlinge

Neben der »Ziehharmonika-Verformung«, die schon mehrfach angesprochen wurde, treten hier wieder die **Spinnmilben** als gefährlicher Schädling auf, darunter auch wieder die Orchideen-Spinnmilbe *(Tenuipalpus pacificus)*. Häufig kommt es auch zu Verbrennungen der empfindlichen Blätter; eine leicht rötliche Verfärbung ist die erste Warnung. Genau hinschauen!

Pflegebesonderheiten

Will *Miltoniopsis* nicht blühen, obwohl sich Triebe bilden, liegt es meistens daran, dass die Triebe nicht richtig ausreifen. Bevor es zur **Knospenbildung** kommt, wird schon wieder ein neuer Trieb gebildet und jeder Trieb ist dann kleiner als sein Vorgänger. Abhilfe schafft nur eine strikte Einhaltung der **Ruhephase**. Exemplare mit kräftigen Trieben, die nicht blühen, sollten einfach kühler gehalten werden. Dann blühen sie wie diese hier gezeigte schöne *Miltonia* 'Sunset'.

Sommerfrische von Mai bis Ende September ist möglich. Wird der Sommer allerdings kalt und nass, sollte der Aufenthalt im Freien unterbrochen werden. Der Platz muss halbschattig gewählt werden, direkte Sonne ist zu vermeiden. Auf Rotfärbung der Blätter achten, in diesem Fall schattieren. Auch **Knospenfall** ist möglich (siehe Abbildung). Schnecken mögen die weichen Blätter der *Miltoniopsis*, ein Schneckenzaun oder Schneckenkorn schaffen Abhilfe.

Miltoniopsis und viele der Kreuzungen mit anderen Gattungen können (müssen aber nicht!) etwa **alle acht Monate einen neuen Trieb**, und damit eine Blütenrispe entwickeln. So findet man an ein und derselben Pflanze einen neuen und einen ausgewachsenen, blühbereiten Trieb. Mit viel Gefühl muss man diesen beiden Entwicklungen (Ruhe und Wachstum) gerecht werden, wie hier bei der alten Sorte *Miltonia* 'Hannover'.

Die Blütenrispen der *Miltoniopsis* müssen normalerweise nicht gestützt werden, das ist im Handel nur aus Transportgründen üblich. **Verblühte Rispen sind rechtzeitig abzuknipsen**, da die abfallenden Blüten schnell Fäulnis auf den empfindlichen Blättern verursachen. Den verbliebenen Blütenstiel entfernt man erst, wenn er wirklich trocken ist. Man schneidet ihn entweder ab oder dreht ihn seitlich an der Bulbe vorsichtig um und bricht ihn aus.

Neutriebe der *Miltoniopsis* sind empfindlich. Nur kontinuierliches Wachstum verhindert die **»Ziehharmonikaform« der Blätter**. Es sind eigentlich die Wurzeln, die dafür verantwortlich sind (siehe oben!) Daher stets feucht, nie nass halten. Jeder Trieb soll am Ende der Entwicklung kräftiger als sein Vorgänger sein. Gesunde Pflanzen bilden zwei Triebe pro Bulb.

Hydrokultur

Miltoniopsis sind in **SERAMIS®-Orchideensubstrat** gut zu pflegen, während sie im Zimmerpflanzen-Substrat schnell zu feucht stehen. LECHUZA® (im Bild sichtbar das Spezialgranulat) eignet sich durch das Dochtverfahren ebenfalls. Hydrokultur mit der etwas feineren Körnung des Blähtons ist bei Einhaltung einer entsprechenden Ruhephase auch eine gut machbare Möglichkeit.

Mehrgattungs-hybriden

Wenn viele unterschiedliche Gattungen gekreuzt werden, entsteht etwas völlig Neues. Ob es trotzdem Gemeinsamkeiten in der Pflege gibt, und was man beachten muss, um vielleicht sogar zwei Blüten pro Jahr zu erhalten, zeigt dieses Kapitel. Cambria, ein (falscher) Name als Synonym für viele Pflanzen, hat sich für diese Orchideen durchgesetzt.

Artenreichtum und Formenvielfalt

Hierzu zählen hauptsächlich Gattungen aus der Gruppe der *Cochlioda*, der *Miltonia*, *Odontoglossum* und *Oncidium*. Sie alle sind in Südamerika heimisch. Diese Gattungen sind teilweise sehr artenreich, allein *Oncidium* umfasst ca. 70 Arten. Manchmal wird die ganze Gruppe auch fälschlich als »Cambria« angesprochen – der Name bezieht sich aber nur auf eine Kreuzung aus dem Jahre 1931, welche in England gezüchtet wurde: × *Vuylstekeara* Cambria (× *Vuylstekeara* = *Odontoglossum* × *Cochlioda* × *Miltonia*).

Wenn, wie im Beispiel der Cambria, drei Gattungen vereinigt sind, ist die Namensgebung kompliziert. Man hat neue künstliche Namen erfunden, die immer auf -ara enden. Diese neuen Namen geben Auskunft über die Vorfahren und damit auch Pflegeempfehlungen. *Oncidium* mögen es eher wärmer und trockener, *Miltonia*, *Odontoglossum* und *Cochlioda* kühler und feucht. Nur Cambria als »falscher« Name ist wenig hilfreich. Sie wachsen sympodial. und alle epiphytisch. Kleinere Sorten kann man aufbinden oder im Korb kultivieren.

Die echte »Cambria«, eine sehr alte Kreuzung, aber immer noch besonders attraktiv.

Blüten

Die Blüten dieser Gruppe sind dementsprechend nicht nur in den Farben, sondern auch in Größe, Form und Haltbarkeit **sehr unterschiedlich** – von wespenartigen, verblüffend ähnlichen in Form, Größe und sogar Farbe, bis zu fast 10 cm großen, flachen Einzelblüten. Viele Farben, ob Gelb, Rot oder Weiß; gepunktet oder gestreift, aber immer mit einer schwieligen Lippe. Viele betören mit ihrem Duft. Hier abgebildet ist die *Odontoglossum* 'Elles Triumph'.

Die Rispen der verzweigten Typen können bis zu 1 m Länge erreichen und geben damit wieder einen Hinweis darauf, wie sie gepflegt werden möchten. Die **Blütenrispen** der meisten *Oncidium* sind **in der Regel verzweigt**, *Miltonia*, *Odontoglossum* und *Chochlioda* sind es eher nicht. Verzweigte Rispen mögen es daher wahrscheinlich wärmer und sind in der Wohnung pflegeleichter. Hier abgebildet ist *Odontioda* 'George Mac Mahon' × 'Shelly Parade'.

Zum leichteren Verständnis – es gibt in vielen Gattungen sogenannte **»Mehrgattungshybriden«**, so bei *Cattleya*, aber auch bei *Vanda* oder *Brassia*. Hier sind aber die »Cambria-ähnlichen« gemeint, die auch im Handel als Gruppe vertreten sind. Die Mehrzahl hat größere Blüten und nur wenige verzweigte Rispen mit kleinen Blüten. *Brassia* stellen einen Elternteil, aber auch bei kleineren, nicht zu dieser Gruppe zählenden Orchideen wie hier in der Abbildung zu sehen *Adaglossum* 'Mandarin'.

Eine weiteres Beispiel ist die hier gezeigte eher **kleinblumige Gattungshybride** Miltonidium 'Hawaiian ›Sunset' (*Mtdm.* 'Pupukea Sunset' × *Milt. warscewiczii*) – wobei *Miltonidium* 'Pupukea Sunset' wiederum eine Kreuzung aus *Miltonia warscewiczii* × *Oncidium cheirophorum* ist. Also ist *Miltonia warscewiczii* als Elternteil zweimal vertreten. Damit darf man die Pflege eher nach *Miltonia* ausrichten.

× *Beallara*, das sind die Gattungen *Brassia, Cochlioda, Miltonia* und *Odontoglossum* bilden eine **neue Gattung**. Ein Beispiel dafür ist die hier abgebildete, sehr einfach zu pflegende Hybride × *Beallara* Eurostar (× *Beallara* 'Tahoma Glacier' × *Miltonia schroederiana*), die auch als × *Aliceara* 'Eurostar' im Handel zu finden ist. Sie ist anpassungsfähig, wächst permanent, benötigt kaum eine Ruhephase und mag einen hellen aber auch halbschattiger Standort (Duft!).

Pflege

Nach der Blüte kann bei allen Sorten dieser Gattung das **Abtrocknen der Rispe** abgewartet werden, **dann** wird sie **abgeschnitten** oder vorsichtig nach oben ausgerissen. Es bildet sich an diesem Bulb keine neue Rispe. Der Bulb ist aber noch für eine lange Zeit wichtig als Nährstoffreservoir und an ihm bilden sich die neuen Triebe. Dabei kann der neue Trieb mit oder nach der Blüte erscheinen, je nach Sorte.

Wenn **Bulben** durch die Last der Blüte leicht **schrumpeln**, ist das zunächst nicht besorgniserregend, es darf jedoch nur bei alten Bulben geschehen! Das sicherste Anzeichen für neues Wachstum ist die neue Wurzelbildung am Trieb. Der Neutrieb ist dann das Signal für erhöhte Wasser- und Nährstoffgaben, möglichst auch für einen helleren Standort.

Bei nicht wenigen Gattungshybriden der Gruppe ist ein Elternteil oder Vorfahr *Miltonia (Miltoniopsis)*, hier im Bild *Miltoniopsis phalaenopsis* – und das hat Folgen. Diese Pflanzen haben besonders feine, **salzempfindliche Wurzeln**. Die Wurzeln sind **anfällig gegen Wachstumsstörungen**, das könnte durch zu hohe Salzkonzentrationen bedingt sein oder durch zu starke Trockenheit. Die Folge ist der sogenannte Ziehharmonikawuchs.

Ein anderes Beispiel ist die hier gezeigte *Odontonia* 'Samurai'. Sie besitzt **unempfindliche Wurzeln** und **stabiles Wachstum**. Die Blütezeit reicht vom Sommer bis in den Winter. Eine »normale« Pflanze bringt bis zu drei Rispen aus einem Trieb. Die Rispen halten sich allerdings nur kurz. Nach der Blüte kann die Rispe abgeschnitten werden, die neuen kommen erst, wenn der Neutrieb ausgebildet ist. Wichtig: Nach jedem Gießen die Pflanze ganz austrocknen lassen, ehe das nächste Mal wieder gegossen wird.

Standort

Standort- und Temperaturpräferenzen sind bei der Vielfalt der Gattungen eher schwer anzugeben, doch kann man davon ausgehen, dass die im »normalen« Handel angebotenen Gattungen und Sorten mit **temperierten bis warmen Bedingungen** zufrieden sind. So hell wie möglich stellen, ohne dabei Verbrennungen zu riskieren. Alle können zur Sommerfrische auf den Balkon oder in den Garten.

Die Mehrgattungshybriden blühen meist auch noch, wenn die Temperaturabsenkung nicht so genau genommen wird. Die Pflanzen sollten an einem **hellen bis halbschattigen Platz** stehen. Wichtig ist allerdings die Pflanze trockener zu halten, sodass nicht unmittelbar nach der Blüte der Neutrieb oder neue Wurzeln erscheinen – eine Absenkung der Temperatur ist dann zunächst nicht nötig.

Wurzeln

Die Wurzeln der Mehrgattungshybriden sind **so unterschiedlich wie die ihrer unterschiedlichen Eltern**. Viele sind dick, rundlich, einige wie z. B. *Miltoniopsis* fein, andere wachsen mit einem Teil der Seitenwurzeln negativ geotrop – so nennt man Wurzeln, die sich seitlich und nach oben ausbreiten und dabei fast ein Nest bilden.

Mit dem Wachsen des Neutriebes **sterben die alten Wurzeln oftmals ab**. Das ist ein natürlicher Vorgang, allerdings vertrocknen sie dann. Zeichen von Nässe und Fäulnis haben mit diesem Prozess nichts zu tun. Wurzeln, die sich außerhalb des Pflanzstoffes entwickeln, niemals entfernen. Verkrustungen an den Wurzeln oder Salzkristalle deuten auf zu viel Dünger oder Salze im Wasser hin. Man kann die Pflanzen ruhig 1–2 Mal im Jahr kräftig durchspülen.

Umtopfen

Umtopfen ist bei den Mehrgattungshybriden meist **spätestens nach zwei Jahren** nötig, da sie sehr gerne austreiben. Häufig wird auch eine Teilung erforderlich. Als sympodial wachsende Orchideen werden sie so gesetzt, dass immer zwei Jahrestriebe (Bulben) in jede Richtung Platz im Gefäß finden. Wurzellose, kranke Pflanzen in die Topfmitte setzen und dabei einen kleineren Topf wählen.

Mehrfach wurde erwähnt, dass viele Mehrgattungshybriden trockener gehalten werden. Erleichtert wird die Pflege, wenn beim Umtopfen eine **ausreichende Dränage** verwendet wird. »Vielgießer« sollten dem Pflanzstoff Styropor zusetzen, allerdings höchstens 20 % der Gesamtmenge. Einfach das Styropor entsprechend zerbröseln bis es etwa die Größe der rindenbestandteile hat.

Gießen und Düngen

Gegossen wird eher mäßig, jedoch im Wachstum die **Pflanzen immer leicht feucht halten** und dafür in der Ruhezeit recht sparsam wässern. Während der Blüte benötigen alle wegen der vergrößerten Verdunstungsfläche mehr Wasser, auch wenn diese in die Ruhezeit fällt. Zwischenzeitliches Abtrocknen ist gerade für diese Gruppe, besonders für *Oncidium* Nachkommen, wichtig. Im Bild: × *Odontioda* Janina × *Odontoglossum crispum*.

Gedüngt wird mit handelsüblichem **Orchideendünger**. Auf die Salzempfindlichkeit der *Miltonia* Nachkommen wurde bereits hingewiesen. Ist man sich nicht sicher, denn viele der Mehrgattungshybriden sind **eher Starkzehrer**, unbedingt den richtigen Namen in Erfahrung bringen und die Vorfahren ermitteln. Im Zweifel weniger düngen; im Sommer häufiger besprühen.

Krankheiten und Schädlinge

Schädlinge und Krankheiten sind nicht gattungstypisch, mit einer Ausnahme: Spinnmilben. Leider kommt auch die bereits erwähnte Orchideenspinnmilbe *(Tenuipalpus pacificus)* vor. Unbedingt schon beim Kauf darauf achten und im Zweifel ruhig auf den Kauf verzichten, wenn wie im Bild gezeigt Rückstände von **Läusen** erkennbar sind. Wollläuse setzen sich gern in die Bastschicht der Bulben, diese daher regelmäßig kontrollieren.

Entdeckt man glasig wässrige und bräunliche **Faulflecken am Blattgrund**, an der Blattspitze oder an den Neutrieben, können Bakterien die Ursache sein. Die Krankheit breitet sich allerdings nur bei Feuchtigkeit aus, bei Trockenheit kommt sie zum Stillstand. Pflanzen immer abtrocknen lassen und nicht abends gießen. Kleine dunkle, aber trockene Punkte im Blatt sind häufig sogar sortentypisch.

Pflegebesonderheiten

Bei der Kultivierung auf dem Balkon oder im Garten, frühestens ab Juni, soll der **Standort hell, aber ohne direkte Sonneneinstrahlung** sein. Auch **Ampeltöpfe**, die in Bäume gehängt werden, sind möglich. Der Aufenthalt im Freien endet Mitte September. Ein zusätzlicher Schutz gegen Niederschläge kann notwendig werden. In kalten Nächten müssen die Pflanzen unbedingt trocken gehalten werden.

Hydrokultur

Wie schon erwähnt, sind die Sorten dieser Gruppe sehr wuchsfreudig. Alle lassen sich im **Orchideensubstrat von SERAMIS®** und in LECHUZA®-Gefäßen gut kultivieren. Bei richtiger Pflege müssen sie allerdings recht häufig geteilt werden. Die hier gezeigte *Miltassia* 'Toskana' gehört zu den Spinnenorchideen, sie besitzt eine ausdrucksvolle Blüte und blüht dazu noch sehr leicht, in SERAMIS® Orchideensubstrat.

Oncidium

Klein, aber oho: Meist erkennt man erst auf den zweiten Blick die anmutige Schönheit der Blüten. Auch bei der Pflege lohnt es, lieber zweimal hinschauen, bevor irgendwelche Pflegemaßnahmen durchgeführt werden. Wann wird gegossen? Warum werden die Triebe immer kleiner und weshalb werden die Rispen so lang? Mehr zu diesen Fragen in diesem Kapitel.

Die meisten fangen klein an

Psychopsis Kalihi ist eine der schönsten Hybriden der Gruppe. Vielblütig mit langer Haltbarkeit der Einzelblüte

Ursprünglich gehörten zur Gattung *Oncidium* mehr als 700 Arten, heute sind noch ca. 300 Arten übrig, der Rest wurde anderen Gattungen zugeordnet. Als Beispiel sei hier die bekannte *Psychopsis papilio* genannt, früher als *Oncidium papilio* bekannt. Unter diesem Namen findet man sie immer noch in der Literatur.

Die verbliebenen *Oncidium* sind sehr unterschiedlich im Habitus, die meisten wachsen als Epiphyten, wenige besiedeln Felsen oder Steinblöcke (Lithophyten) und noch weniger wachsen terrestrisch. Meist bilden sie ein kurzes, waagerecht wachsendes Rhizom mit polsterartigem Wuchs aus. Die Bulben werden relativ groß mit ein oder zwei Blättern.

Ihre Heimat sind die Tropen und Subtropen Nord- und Südamerikas, aber auch in Südflorida und Mexiko bis nach Westindien sind sie heimisch. Der Name wird von dem griechischen Wort *onkos* (Wulst, Schwiele) hergeleitet. Eine solche Erhebung findet man in der Lippe der *Oncidium*. Die meist relativ kleinen Blüten treten in großer Zahl auf und erblühen zusammen am Blütenstand. Dadurch verstärkt sich die werbende Wirkung der Gruppe. Insekten reagieren auf den vermeintlichen Schwarm. Die Ähnlichkeit mit Insekten, meist Bienen ist frappant. Wird die Rispe im Wind bewegt, kann es schnell zur Verwechslung kommen.

Blüten

Es mag sicher nicht verwundern, dass bei dieser großen Artenzahl auch die **Vielfalt der Blüten sehr stark variiert**. Sepalen und Petalen sind meist in Farbe und Größe vergleichbar, die Hauptfarbe ist Gelb mit einer Braunzeichnung. Die Blütengröße reicht von 6–8 mm bis 5–6 cm. Die Ausbildung reicht von der Einzelblüte bis hin zu 3 m langen und mit über 100 Blüten besetzten Rispen. Typisch dafür ist die Hybride *Oncidium* 'Gower Ramsay' (*Oncidium* 'Goldiana' × *Oncidium* 'Guinea Gold'). Im Bild: *Oncidium* 'Sharry Baby'.

Da die Blüten keine Nahrung bieten, nutzen sie zur Sicherung der Bestäubung eine List, indem sie durch Farbe, Form, Duft, Struktur und Vielzahl einzelne oder **einen ganzen Schwarm von Insekten** imitieren. Entweder locken sie männliche Bienen oder sie provozieren Territorialkämpfe wie die hier gezeigte *Oncidium* Jack Rainbow. Bewegen sich diese Blüten mit dem Aussehen und dem Duft von Bienen im Wind, stürzen sich die echten Bienen auf die vermeintlichen Sexualpartner oder Feinde, und dabei bestäuben sie auch die Blüten der *Oncidium*.

Der Duft spielt bei nicht wenigen Arten wie der hier gezeigten Vogelkopforchidee (*Oncidium ornithorhynchum*) eine Rolle. Diese leicht zu pflegende Art wird daher auch häufig als Kreuzungspartner genutzt. Der Duft ist sehr intensiv, eine Mischung aus Vanille oder Schokolade oder beidem. Auch Kreuzungen mit dieser Art vererben noch den starken Duft.

Standort

Die *Oncidium* fühlen sich an vielen Standorten heimisch, die Hybriden und Kultursorten benötigen in der Regel einen **sehr hellen Standort**, wollen aber einen Schutz vor der Mittagssonne im Sommer und im Winter so hell wie möglich stehen. Zimmertemperatur ist ausreichend, in der Ruhezeit kann es auch kühler sein. Die hier abgebildete *Oncidium enderianum* stammt z. B. aus den höher gelegenen, kühlen Regionen Brasiliens.

Wenn möglich, kann man das **Temperaturbedürfnis** der *Oncidium* erkunden, zumal wenn es sich tatsächlich um Naturformen handelt, denn diese haben durch die große Verbreitung auch unterschiedliche Ansprüche. Die meisten Hybriden sind aber »zimmertauglich« wie die abgebildete, schon etwas ältere Sorte *Odontocidium* 'Susan Kaufmann', eine Züchtung aus der besonders wuchsfreudigen *O. flexuosum*.

Wurzeln und Neutriebe

Die **Wurzeln** der *Oncidium* sind **weiß und dünn**. Aktive Wurzeln haben eine frischgrüne Wurzelspitze, sind **leicht brüchig** und faulen oder vertrocknen leider sehr schnell; sie sind aber »lufthungrig«. Man muss mit viel Fingerspitzengefühl gießen und Wurzeln, die nicht in das Substrat wachsen, häufiger besprühen. Meist breitet sich das Wurzelgeflecht flach aus. Wenige haben nach oben (Geotropismus) gerichtete Wurzeln.

Die **Neutriebe (Bulben)** sind entweder rundlich oder flach und länglich. Bei blühenden Pflanzen neigen die Bulben schnell zum Schrumpeln. Bei einer gesunden Wurzel werden sie aber auch wieder prall. Mit dem Neutrieb bilden sich die neuen Wurzeln, meist wollen sie aber nicht in den Pflanzstoff wachsen, sondern flach darüber. Häufiges Besprühen der Pflanzen verhindert dann das Vertrocknen.

Umtopfen

Das Umtopfen der *Oncidium* wird bei diesen **sympodial wachsenden Orchideen** auch wieder mit dem Neutrieb durchgeführt. *Oncidium* eignen sich auch zum Aufbinden auf Rinde, ansonsten wählt man einen eher kleinen Topf mit einer ausreichenden Dränageschicht. Zum Aufbinden eignet sich Sphagnum! *Oncidium* lassen sich leicht durch Teilung vermehren, dabei sollten immer mindestens drei Bulben zusammenbleiben.

Gießen und Düngen

Ob Tauchen oder Gießen – wichtig ist es, **Staunässe zu vermeiden**, die von *Oncidium* überhaupt nicht vertragen wird. Besonders im Winter und Herbst ist das ein wichtiger Pflegeaspekt, da die *Oncidium* sehr leicht faulen. Auch muss das Substrat immer wieder gut abtrocknen können. Niemals darf Restwasser im Gefäß oder Übertopf stehen bleiben. Das Bild zeigt geschädigte – braune-Wurzeln.

Die Wurzeln der meisten *Oncidium* sind zwar salzempfindlich, trotzdem wird auf **Düngung** nicht verzichtet, **mindestens bei jeder dritten Gießgabe** sollte Dünger verabreicht werden! Die Dosierung (lt. Hersteller) wird vertragen. Bei aufgebundenen Exemplaren ist die Dosis natürlich geringer zu halten. Auch Mini-Formen wie die hier gezeigte *Oncidium eurycline* kommen nicht ohne zusätzlichen Dünger aus.

Krankheiten und Schädlinge

Spezielle Schädlinge sind nicht zu nennen. Zu große Wärme in Verbindung mit Feuchtigkeit fördert Pilzkrankheiten. Kleine schwarze Flecken auf älteren Blättern, die sich nicht ausbreiten und trocken bleiben, sind eher sortentypisch und kein Grund zur Beunruhigung. Allerdings: Beobachtung ist immer notwendig. Die Blüten, besonders der duftenden Sorten, werden gern von grünen Läusen heimgesucht, wie hier zu sehen.

Alle Oncidium haben es gerne kühler, aber auch die meisten wärmer wachsenden Arten und Sorten lieben den **Sommeraufenthalt im Garten** oder auf dem Balkon. Gerade die aufgebundenen Exemplare schätzen die natürliche Luftfeuchtigkeit, dabei notfalls vor Nässe schützen. Unbedingt auf Schnecken achten, denn junge Triebe und Rispen stehen auf ihrem Speisezettel ganz oben.

Pflegebesonderheiten

Verblühte Rispen trocken werden lassen und erst wenn sie vollständig abgetrocknet sind, tief am Bulb abschneiden, der verbliebene Rest trocknet vollständig ein – daher nicht brechen oder ziehen. Sie blühen übrigens nur einmal aus jeder Rispe. Sehr lange Rispen, bei einigen Naturformen werden sie bis 3 m lang, können bedenkenlos eingekürzt werden, bei den meisten Hybriden ist dies allerdings nicht möglich.

Hybriden der *Oncidium*, wie hier *Oncidium* 'Sharry Baby' (*O.* 'Jamie Sutton' × *O.* 'Honolulu'), aber auch besonders die Mehrgattungshybriden **blühen nicht alle zwölf Monate**, sondern durchaus schon einmal öfter. Maßgebend ist die Triebentwicklung – jeder Trieb muss fertig ausreifen und dabei eine Ruhe- bzw. Kühlphase erleben.

Psychopsis als Gattung aus der *Oncidium*-Gruppe mit den Arten *P. kramerianum* und *P. papilio* und die Hybride aus den beiden Arten, die hier gezeigte *Psychopsis* 'Kalihi', **mögen es gerne warm**. Sie haben lange Blütenstände und bilden fast ganzjährig neue Blüten. Die Rispen daher niemals abschneiden, da sich auch an einer schon trockenen Spitze seitlich neue bilden können.

Cymbidium

Schon die Größe der Einzelblüte ist bei vielen *Cymbidium* eindrucksvoll, erst recht die Rispenlänge und die Vielzahl der Rispen. Nur, warum sind sie nicht so einfach wieder zum Blühen zu bringen? Ob es etwas mit der Herkunft zu tun hat, und wann man besser die Finger davon lässt, sie zu pflegen, erfahren Sie auf den folgenden Seiten.

Haltbare Blühwunder

Das Bild zeigt eine typische Schnittblumen-Sorte. Das Zuchtziel war früher Größe und Haltbarkeit.

Der Name *Cymbidium* bezieht sich auf die Form der Lippe. *Kymbe* bedeutet im Griechischen Nachen (Kahn), was sich in der deutschen Bezeichnung Kahnlippe wiederfindet. Bekannt wurden die Blüten als haltbare, vielblütige Schnittblumen. Als Pflanzen werden sie in der Regel sehr groß, was ihre Zimmerpflege erschwert. Allerdings kennt die Gattung auch kleinblumige Sorten, die heute immer wichtiger werden. Bekannt sind ca. 50 Arten, deren Vorkommen im nördlichen Indien, in China, Japan, Malaysia, den Philippinen und Borneo und im nördlichen Australien liegen. Einige wachsen epiphytisch, viele auch terrestrisch.

Für die Züchtung waren die Arten *Cymbidium lowianum* und *Cymbidium giganteum* wichtig. Ein entscheidender Faktor war auch, dass sie im Frühjahr gerade rechtzeitig zum Muttertag blühen! Heute werden Schnittsorten als Topfpflanzen vermarktet, was nicht immer von Erfolg gekrönt ist. Schon beim Kauf sollte man immer darauf achten, dass die Bulben der Blüte größer als ihre Vorgänger sind. Zumindest wenn man die Pflanzen später weiter kultivieren will. Wintergärten sind heute wieder beliebt. *Cymbidium* sind dafür ideale Pflanzen. In Japan wurden in den letzen Jahren besonders vielblütige Sorten gezüchtet, sie werden sicher bald auch hier angeboten werden. Für die Zimmerkultur stehen auch Miniaturformen zur Verfügung.

Blüten

Auffällig sind **Größe und Haltbarkeit** der *Cymbidium*, ihre feste wachsartige Blüte und die Vielfalt der Farben. Die Naturformen wie *Cymbidium lowianum* und ihre Hybriden wirken dazu noch elegant und einige Sorten verbreiten einen lieblichen Duft. Sogenannte Miniaturformen der *Cymbidium* haben kleinere Blüten, die sich dafür allerdings zahlreich zeigen.

Die großen Sorten, wie hier abgebildet *Cymbidium* 'Yellow River', haben nicht nur große Bulben, sondern auch kräftige, sehr lange Blätter. Sie **beanspruchen viel Platz** und große Pflanzgefäße. Zur Induktion der Blüte benötigen sie eine deutliche Nachtabsenkung der Temperatur, was im Zimmer nicht immer leicht erreichbar ist.

Exemplare wie diese japanische *Cymbidium tracyanum*-Hybride mit ihrer **eleganten Blüte** wurden bereits 500 v. Chr. von chinesischen Hofgärtnern als Kübelpflanzen kultiviert. Schon Konfuzius lobte den **Duft** dieser Orchideen. *Cymbidium* im Wintergarten oder in einem hellen Flur schaffen eine wunderbare Atmosphäre. Nicht nur große Exemplare beeindrucken!

Bei den **kleinblumigen Sorten**, wie hier der japanischen *Cymbidium* 'Mistique', ist es die **Vielzahl der Blüten**, die ihren Reiz ausmachen. Dabei kann man zwei Mini-*Cymbidium* Typen unterscheiden – solche mit gebogenen Rispen, mittelblumig elegant und die anderen mit fast senkrechten Rispen, die auch im Blatt eher größer ausfallen. Die zweite Gruppe wurde einst als Schnittblume gezüchtet, die andere Sorte als Topforchidee.

Standort

Cymbidium sind alle **lichthungrig** und vertragen nach guter Eingewöhnung **im Freien sogar direkte Sonne**. Eigentlich wären im Sommer tagsüber Temperaturen um 30 °C und mehr angebracht, wobei es nachts ruhig auf 15 °C abfallen darf. Im Herbst und im Winter reichen tagsüber 15–18 °C, nachts 8–10 °C. Dies ist natürlich immer abhängig vom Wachstumszyklus der einzelnen Pflanze. Im Bild: *Cymbidium* 'Wine Shower'.

Ausgereifte Triebe benötigen **zur Induktion der Blüte** in jedem Fall eine **deutlich niedrigere Nachttemperatur**. Am einfachsten erreicht man dies im Garten für alle früh blühenden Sorten; das sind solche, die bis Weihnachten blühen. Aber auch die später blühenden Arten und Sorten fühlen sich im Sommer im Garten oder im Wintergarten und Gewächshaus wohl.

Die **Luftfeuchtigkeit** soll bei 60–80% liegen, was im Zimmer eher schwer zu erreichen ist. Einige Miniatur-*Cymbidium* weichen in ihren Ansprüchen von den zuvor genannten Bedingungen ab. Sie wollen eher wärmer kultiviert werden und sind eigentlich normale Zimmerorchideen, wie die hier abgebildete *Cymbidium* 'Devon Wine' var. Milion Hybride. Es gibt allerdings auch großblättrige Pflanzen mit kleinen Blüten, die wie die »Großen« kultiviert werden.

Wurzeln und Neutriebe

Die **Wurzeln** der *Cymbidium* sind **ungewöhnlich kräftig** und entwickeln sich mit dem neuen Trieb in großer Zahl. Sie wachsen eher in den Topf als in die Luft. Nicht selten sind sie so zahlreich, dass die Wurzeln die Pflanze aus dem Topf pressen. Eigentlich sind sie robust, nur Staunässe führt auch bei ihnen zum Verlust.

Neutriebe entstehen fast ganzjährig, wenn es auch in der lichtreichen Zeit mehr sind, die sich zudem kräftiger entwickeln. Unreife Bulben werden trotz einer Nachtabsenkung keine Blüten entwickeln. Da *Cymbidium* kräftige Bulben ansetzt, sollten alle Neutriebe Platz im Gefäß finden. Gegebenenfalls muss zuvor umgetopft werden. Im Garten suchen Schnecken die Neutriebe und Wurzelspitzen als Delikatesse.

Umtopfen

Cymbidium mögen enge Töpfe, auf Dränage kann man bei großen Pflanzen verzichten – lieber hohe als breite Gefäße wählen. Zum Verpflanzen benötigt man bei gesunden Wurzeln Kraft und scharfes Werkzeug. Manchmal reicht die Rosenschere nicht aus, dann muss es schon ein Spaten oder Beil sein. Beim Umtopfen können unbelaubte Bulben entfernt und große Pflanzen geteilt werden.

Gießen und Düngen

Während der Wachstumsperiode im Frühjahr und Sommer sollte das **Pflanzsubstrat nicht austrocknen**. Im Winter ist der Wasserbedarf geringer, völlige Trockenheit ist aber zu vermeiden. Die Kontrolle der Feuchtigkeit durch Fingerprobe ist die sicherste Methode. Im Garten muss man sie vor zu viel Regen schützen, aber niemals vollständig austrocknen lassen.

Cymbidium gehören zu den **stark zehrenden Orchideen**. Manchmal wird im Internet sogar die Verwendung von Blaukorn empfohlen, davon ist aber abzuraten! **Bei jeder zweiten Gießgabe kann Dünger zugesetzt werden**, oder bei jedem Gießen, wenn entsprechend geringer dosiert wird. Bevorzugt Orchideendünger mit hohem Stickstoffanteil verwenden. Zum Ende der Wachstumsperiode sechs Wochen lang einen Blütendünger in halber Dosierung. Sonst wird ganzjährig gedüngt. Wer viel blüht, braucht Nahrung, wie diese *Cymbidium*-Hybride.

Pflegebesonderheiten

Neue Bulben sind trotz optimaler Pflege **kleiner als ihre Vorgänger**. Eigentlich ist das schlecht, jedoch bei *Cymbidium*, zumindest im ersten Jahr nach dem Kauf, fast normal. Denn die meisten Topfpflanzen sind häufig nur geteilte (ausrangierte!) Schnittsorten. Man kann leicht vor dem Kauf prüfen, ob der vorherige Bulb wesentlich größer als der aktuell blühende ist.

In der Knospe darf *Cymbidium* **nicht zu warm** gehalten werden oder großen Temperaturschwankungen ausgesetzt sein, da sich die Knospen sonst nicht entwickeln. Auch Transportstress durch Kälte oder Hitze im Auto, Zugluft im Verkaufsraum und die Folienverpackung können als Ursachen für Störungen infrage kommen. Beim Einkauf sollte die Rispe etwa zu einem Drittel erblüht sein.

Cymbidium haben eine **leicht bewegliche Pollenkappe**. Wird sie beschädigt oder fehlt sie, wie in der Abbildung, vermindert das die Haltbarkeit der Blüte als Schnittblume und Topfpflanze. Darauf sollte man schon beim Kauf achten. Meist ist dieser Makel leicht erkennbar, weil die Pollen schnell braun werden. Das ist bei groß- und kleinblumigen Sorten zu beobachten.

Paphiopedilum

Der Frauenschuh ist weltweit – mit Ausnahme von Afrika – in unterschiedlichen Gattungen verbreitet, so auch in Deutschland. Daraus ergeben sich natürlich unterschiedliche Ansprüche der Arten und ihrer Zuchtformen bezüglich Licht und Wärme. Ob man die Wünsche schon am äußeren Erscheinungsbild erkennen kann und ob der Schuh bei der Pflege eine Rolle spielt, erfährt man auf den folgenden Seiten.

Stars auf der Fensterbank

Die Gattung *Paphiopedilum*, der **Frauenschuh**, hat ihren ausschließlichen Ursprung in den tropischen Regionen Asiens. Es gibt aber auch andere Frauenschuh-Gattungen, die allerdings eher selten als Zimmerorchideen angeboten werden. Dazu zählen *Phragmipedium* und *Selenipedium*, die beide aus Südamerika stammen. Nicht zuletzt wird aber auch Gartenfrauenschuh verkauft, der zur Gattung *Cypripedium* zählt. Zu dieser Gruppe gehört auch der in Deutschland heimische Frauenschuh *Cypripedium calceolus*.

Gemeinsam ist allen die schuhförmige Form der Lippe. *Paphiopedilum* wurden schon früh als Zimmerorchideen kultiviert. Dabei spielen die an eher kühlen Standorten wachsenden Arten, wie *Paphiopedilum insigne*, eine große Rolle. Früher konnte man die Zimmertemperatur noch nicht so perfekt regeln, da meist mit Öfen geheizt wurde, weshalb es nachts in den Räumen kalt war. Dies schadet diesen Frauenschuhen aber nicht – im Gegenteil! Moderne Sorten bevorzugen es warm. Fast alle Arten wachsen terrestrisch.

Gut erkennbar in dieser Hybride, *Paphiopedilum sukhakulii*, eine Naturform aus Thailand

Blüten

Beim Venus-, Pantoffel- oder Frauenschuh sind die unteren Sepalen miteinander verbunden, während die **Lippe** die **typische Pantoffelform** angenommen hat. Der Schuh hat einen glatten Rand, der innen behaart ist, sodass Insekten in den Schuh fallen und nur an der Narbe vorbei über die Härchen ins Freie gelangen können. Eine raffinierte Falle! Hier abgebildet ist der Querschnitt durch ein Frauenschuhblüte.

Für die modernen, **großblumigen Hybriden** war das Zuchtziel die Erzielung von **geeigneten Schnittblumen**. Lange Haltbarkeit und Größe waren gefragt. Heute wird der Frauenschuh kaum noch als Schnittblume angeboten. Umso besser für die Topfpflanzengärtner, denn sie können aus diesem Grund besonders schöne Hybriden erwerben, die lange blühen und dazu noch ausgesprochen leicht lange pflegen sind.

Das Gegenteil sind **kleinblumige**, **der Naturform** noch **ähnliche Sorten** wie die hier gezeigte *Paphiopedilum* 'Pinocchio'. Die Haltbarkeit steht den Großen in nichts nach, ja sie blühen an einem Stiel sogar mehrfach. Daher werden sie auch als »Revolverblüher« bezeichnet. Diese Sorte wächst temperiert bis warm und halbschattig, nur Staunässe kann ihr wirklich schaden. Im Bild: *Paphiopedilum glaucophyllum* × *Paphiopedilum primulinum*.

Standort und Pflege

Grünlaubige und schmale Blätter sind ein Hinweis darauf, dass diese Sorte es kühler mag. **Buntlaubige** (marmorierte) **Sorten** lieben es **eher warm**, Ausnahmen sind jedoch wie immer möglich! Alle wollen aber halbschattig gepflegt werden. Eine Ruhephase im Wachstum kommt eher sehr selten vor, eigentlich wachsen die Pflanzen permanent.

Paphiopedilum kommen je nach Herkunft **in allen Temperaturbereichen** vor, hauptsächlich temperiert um 16–22 °C oder warm von 20–28 °C, jeweils nachts natürlich kühler. Wenige Sorten gedeihen sogar noch kälter mit deutlicher Absenkung, nachts 5–13 °C; tagsüber bei 16–21 °C. Typisch dafür ist die hier gezeigte *Paphiopedilum villosum,* von der es inzwischen vielfältige Züchtungen gibt.

Nach der Blüte muss man vor allem **Geduld** aufbringen, und das bei sehr großblumigen wie bei der mehrblütigen Sorte, aber auch bei *Selenipedium* und *Phragmipedium* kann es mehr als ein Jahr dauern bis zur neuen Blüte. Anders bei den klein- und mittelblumigen Sorten. Sie sollen ja jedes Jahr eine neue Blüte entwickeln.

Wurzeln und Neutriebe

Frauenschuhe haben **keine Luftwurzeln** und **kein Velamen**, wenn, dann nur kurzzeitig. Sie entwickeln Wurzelhaare, die die Aufnahmefläche der Wurzel enorm vergrößern – eine optimale Anpassung an das lose Substrat, das die Wurzel nicht fest umschließt. Staunässe im Wurzelbereich ist absolut zu vermeiden, denn die Wurzeln sterben bei Fäulnis sofort ab.

Neutriebe signalisieren auch bei diesen Orchideen der *Paphiopedilum*-Gruppe den Beginn der Wachstumsperiode. Zuerst, da sie keine »Luftwurzeln« haben, entwickeln sich allerdings meist nicht sichtbar die neuen Wurzeln. Ältere Wurzeln können jetzt noch einmal mitwachsen, sogar Verzweigungen sind noch möglich.

Umtopfen

Umtopfen, natürlich auch mit Neutrieb, sollte **möglichst früh** erfolgen. Dazu den Ballen vorsichtig aus dem Gefäß lösen und den alten Pflanzstoff entfernen. Möglichst alle unbeschädigten Wurzeln in den neuen Topf einbringen. Frauenschuh wird mittig gepflanzt, dabei niemals die Pflanze gewaltsam teilen, sondern nur trennen, wenn sie von selbst auseinanderfällt.

Gießen und Düngen

Frauenschuh mag es **relativ feucht**, jedoch muss das Substrat immer wieder abtrocknen, ohne dass es vollständig austrocknet. In der lichtarmen Zeit noch vorsichtiger gießen, da Frauenschuhe bei Staunässe leicht von Pilzen (Blattflecken, Fäulnis) befallen werden. Es darf kein Wasser in den Blattachseln und im Zentrum verbleiben. So wie hier im Bild gezeigt, soll gute Verkaufsware aussehen.

Fragt man verschiedene Experten nach einer Düngungsempfehlung für *Paphiopedilum*, bekommt man ein Antwortspektrum, das von niemals bis zu bei jedem Gießen düngen reicht! Sicher ist nur, dass Frauenschuhe **außerordentlich empfindlich auf Salzrückstände im Substrat** reagieren. Die Salze schädigen die Wurzelhaare. Doch ohne Düngung wird man auch keinen Erfolg haben. Sicher düngt man diese Arten weniger als großblumige Hybriden, wie z. B. bei der hier abgebildeten *Paphiopedilum* 'Harbur Comet'.

Dem Substrat einiger Frauenschuhe sollte man, besonders bei den weißen, dunkellaubigen Sorten wie bei der hier gezeigten Art *Paphiopedilum bellatulum* und ihren Züchtungen, **regelmäßig Kalk zusetzen**. Entweder Muschelkalk oder kohlensauren Kalk – nicht zu fein, da Kalk in dieser Form sehr langsam wirkt. Für einen 12 cm-Topf nimmt man einen Teelöffel Kalk. Diese Maßnahme ist allerdings nur bei Verwendung von weichem Wasser sinnvoll, sonst die Kalkmenge an den Bedarf anpassen.

Krankheiten und Schädlinge

Ein hell- oder dunkelbraunes **Muster und Flecken an den Blattspitzen** ausgewachsener Blätter deuten auf Versalzung oder einen zu niedrigen pH-Wert (siehe unten) hin. Leider neigen einige Sorten dazu, dabei wachsen und blühen sie ansonsten normal. Das vollständige Absterben der Blattspitzen ist meist die Folge von Gießfehlern. Meist geschieht das bei zu viel Wasser!

Das Hauptproblem in der Kultur von *Paphiopedilum* ist die Erzeugung und Erhaltung des **richtigen pH-Werts des Substrates**. Dieser ist wichtig, da *Paphiopedilum* terrestrisch wächst. Nährstoffe und Wasser werden nur über die Wurzeln im Substrat aufgenommen. Liegt der pH-Wert über 6,5 oder unter 5,0, wird die Aufnahme der Nährstoffe blockiert. Die Pflanzen kümmern, und niemand weiß warum! Beim Produzenten wird der pH-Wert laufend kontrolliert.

Hydrokultur

Frauenschuh lässt sich in **SERAMIS®-Substrat**, aber auch in Hydrokultur und LECHUZA® gleichermaßen gut kultivieren. Wahrscheinlich kommt ihnen das Ton- bzw. Gesteinssubstrat entgegen. Lediglich auf Versalzung sollte man achten. Wasserstandsanzeiger, wenn vorhanden, auf Minimum halten.

Dendrobium

Ob der Name Programm ist, und was man unbedingt bei der Pflege beachten muss, kann man hier lesen. Die Gattung gehört zu den artenreichsten Vertretern der Familie. Nur wenige haben es bisher in die Wohnzimmer geschafft, eigentlich schade, denn es gibt gerade hier echte Schätze, die es nur zu »heben« gilt. Hier die Schatzkarte!

Artenreiche Vielfalt

Sicher weiß niemand, wie viele Arten eigentlich zur Gattung *Dendrobium* zählen. Häufig werden zwischen 1 000 und 1 500 genannt. Wie der Name, der von *dendron* = Baum und *bios* = Leben hergeleitet ist, vermuten lässt, wachsen die meisten epiphytisch, eben auf Bäumen. Nur wenige auch lithophytisch. Das natürliche Verbreitungsgebiet ist sehr groß und reicht von Indien über China, ganz Südostasien und Indonesien bis Australien und Neuseeland. Von kleinen Arten mit winzigen, fast runden Bulben bis zu solchen mit länglichen, meterlangen Bulben findet sich alles in der Gattung. Bei der Größe des Verbreitungsgebietes stellen sie natürlich auch unterschiedliche Ansprüche an das Klima. Die Vielfalt der Arten wird man nur im Spezialhandel finden. Gebräuchlich im Handel sind neben *Dendrobium kingianum* nur Hybriden der *Dendrobium nobile* und *Dendrobium phalaenopsis (bigibbum)*- Gruppe erhältlich.

Dendrobium nobile Hybriden mögen es nicht zu warm. Sie sind jedoch sehr anpassungsfähig.

Blüten

Die **Blütenformen** reichen von der **Traube bis zur Rispe** und sind fast immer viel-, selten einblütig. Blütenstände erscheinen sowohl zwischen den Blättern als auch an den Spitzen der vorjährigen Pseudobulben. Auch lässt sich die Vielfalt der Farben sowohl bei den Arten als auch bei der Vielzahl der bekannten Züchtungen gar nicht erst in Zahlen ausdrücken.

Pflege

In der Pflege unterscheidet man **zwei Gruppen** und Zwischenformen. Die **erste Gruppe** verlangt kühle Temperaturen in der Ruhephase (12–17 °C) und dazu viel Licht. Ob Flur oder Dachboden, jedenfalls nicht das warme Wohnzimmer. Eine neuere Hybride dieser Gruppe ist die hier gezeigte japanische Sorte *Dendrobium* 'Elegance'.

Die **zweite Gruppe** der im Handel angebotenen *Dendrobium*-Arten will **ganzjährig Wärme**, lediglich zur Blüteninduktion sollten sie einige Wochen einer niedrigeren Temperatur ausgesetzt werden, wobei 16 °C genügen. Sie mögen es eher hell, aber ohne direkte Sonne von April bis August. Eine Rotfärbung der Blätter ist ein Hinweis auf zu viel Licht, kann aber auch die Folge einer Stresssituation sein. Die hier abgebildeten *Dendrobium phalaenopsis (bigibbum)* Hybriden sind nicht mit *Phalaenopsis* zu verwechseln.

Wurzeln und Neutriebe

Die **Wurzeln** der *Dendrobium* sind **eher fein**, sie eignen sich aber besonders gut dafür, die Pflanzen am Standort oder aufgebunden zu verankern, wie man es hier bei *Dendrobium loddigesii* sehen kann. Diese kann im Winter hell bis sonnig, im Sommer leicht schattiert und sogar im Garten gehalten werden. Gießen oder tauchen, Staunässe ist unbedingt zu vermeiden!

Nach der Blüte bzw. parallel dazu, entwickeln sich die neuen Triebe. Die meisten blühen also in der Ruhephase oder am Ende der Wachstumszeit, nur wenige direkt am neuen Trieb. Beachtlich ist die Triebfreudigkeit der meisten Sorten, besonders anpassungsfähig sind dabei neue Sorten aus Japan und Taiwan.

Umtopfen

Alle ***Dendrobium*** bevorzugen **kleine Töpfe**, diese verhindern Wurzelschäden. Meist werden sie darum auch schon in extrem kleinen Töpfen angeboten, wie die abgebildete Miniform *Dendrobium* 'Pocket Lover'. Beim Umtopfen muss man deshalb sogar noch gesunde Wurzeln kürzen, die sonst im neuen Topf keinen Platz finden würden.

Im neuen Gefäß sollte es **Platz für zwei Neutriebe** geben. Da *Dendrobium* eher kurze Rhizome bilden, ist der neue Topf meist nicht wesentlich größer als der alte. Weil der Topf durch lange Bulben instabil werden kann, empfiehlt sich bei *Dendrobium* eine Dränage aus Kieselsteinen statt aus Styropor zu wählen. Eine typische Pflanze zeigt die Abbildung.

Gießen

In der Wachstumszeit muss **reichlich gegossen** werden, da die kleinen Töpfe schnell austrocknen. An warmen, sonnigen Tagen sprühen. Im Winter und/oder während der Ruhezeit nur so viel giesen, dass der Pflanzstoff nicht völlig austrocknet. Übrigens: Temperiert wachsen sogenannte Antilopen-Dendrobien (Bild). Bei der kühle Standorte bevorzugenden *Dendrobium* in der Ruhe nicht gießen und kühl halten, nur so setzen sie Blüten an. Erst mit der Knospenbildung wieder gießen.

Krankheiten und Schädlinge

Schädlinge und Krankheiten sind nicht gattungstypisch, lediglich Knospenfall bei den Hybriden von *Dendrobium phalaenopsis* ist verbreitet, wie die Abbildung zeigt, können auch die Blüten vorzeitig abfallen. Neben Lichtmangel – siehe *Phalaenopsis* – ist dies meist die Folge eines Gießfehlers. Leider blühen bei *Dendrobium* die Rispen dann kein zweites Mal.

Vanda

Es gibt wohl kaum jemand, der sich dem Charme einer *Vanda* entziehen kann. Größe und Form, vor allem aber die Farben – vom strahlenden Blau bis Weiß, Rot und Gelb, große und kleine Blüten – alles kommt vor. Nur ob und wie man diese Pflanzen, die ohne Erde auskommen, pflegen kann, das wird auf den folgenden Seiten beschrieben.

Exklusive Schönheiten

Im Orchideenreich lässt sich kaum ein intensiveres Blau finden. Dazu die lange Haltbarkeit!

Bei den im Handel angebotenen Hybriden kann man *Vanda*, *Ascocenda* und andere nicht unterscheiden – zumal die Hybriden aus allen Gattungen gekreuzt wurden, um sie »zimmertauglich« zu machen. Vandeen stammen aus dem tropischen Thailand, sie sind das Blütensymbol von Singapur und wachsen im subtropischen Nepal, in Burma, Südchina, Borneo und auf den benachbarten Inseln. Andere Arten trifft man im Himalaja auf über 2 500 m Höhe. Weil diese herrlichen Orchideen nur sehr langsam wachsen, werden sie wohl immer recht exklusiv und auch teuer! bleiben. Umso wichtiger ist es dann, sie am Leben zu erhalten – was auch mit wenigen, aber wichtigen Maßnahmen zu schaffen ist. Bereits vor dem Kauf sollte man überlegen, ob man die Voraussetzungen für eine erfolgreiche Pflege überhaupt schaffen kann. *Vanda* sollen ja aber nicht nur wachsen, sondern auch wieder blühen! Doch die Blüte lässt sich nicht immer erzwingen. Wichtigste Voraussetzung ist ausreichend Luftfeuchtigkeit. Häufiges Sprühen und eine »geschützte« Umgebung z. B. eine Glasvase, sind unerlässlich. Die Zukunft wird sicher neue pflegeleichtere Gattungskreuzungen mit *Vanda* bringen. Zuchtziele sind mmer leuchtendere Farben und das typische Schachbrettmuster. Leider lassen sich die monopodial wachsenden Vanda nicht einfach teilen, man muss letztlich bei vielen Sorten mit großen Pflanzen rechnen. Wer keinen Platz hat, sollte Minisorten wählen.

EXKLUSIVE SCHÖNHEITEN | 79

Blüten

Die **Blüten** der Vandeen gibt es neben dem prägnanten **Blau** jedoch auch in **Gelb, Rosa und Purpur, sogar in Weiß**! Bei guter Pflege bilden sie zweimal im Jahr Blütentriebe. Die Blüten sind langlebig und halten sechs Wochen oder länger. Nach der Blüte verändert sich in der Pflege eigentlich zunächst nichts. Als monopodial wachsende Pflanze erscheint der neue Trieb immer an der Spitze. Die hier gezeigte *Ascocentrum miniatum* 'Kai Gold' ist dafür ein Beispiel.

Standort

Vandeen sind lichthungrig, von Ende August bis Anfang Juni wird sogar direktes Sonnenlicht vertragen. Nur im Hochsommer muss etwas schattiert werden. Ohne ausreichende Lichtmenge bilden sich keine Blüten! Sogar die hier gezeigte *Vanda* mit dem Namen 'New Shadow' braucht Licht.

Im Sommer sollten die **Temperaturen zwischen 25 °C und 30 °C** liegen, im Winter etwas niedriger zwischen 16 °C und 22 °C. Die nächtliche Temperaturabsenkung fördert die Blüteninduktion, jedoch ist viel Licht ausschlaggebend. Im Wintergarten oder Gewächshaus, an warmen Tagen auch im Garten und bei ausreichender Luftfeuchtigkeit, lassen sich *Vandeen* auch frei aufgebunden kultivieren.

Wurzeln

Bei kaum einer anderen Gattung sind die **Wurzeln** so wichtig, denn sie **sind dick und brechen leicht**. Will man sie in einem Glas unterbringen, muss man sie zunächst vollständig in Wasser tauchen, damit sie weich werden. Erst danach kann man sie vorsichtig ins Glas einbringen. Übrigens haben die Wurzeln keine Wachstumspause.

Umtopfen

Umtopfen kommt eigentlich nicht infrage, denn entweder sind die Pflanzen ja ohnehin aufgebunden und dann lässt man sie eher in Ruhe, oder sie werden, wie heute üblich, in einem Glas kultiviert und dann kann höchstens ein Glaswechsel anstehen. Im Glas kann eine Schicht Blähton die Luftfeuchtigkeit zusätzlich verbessern. Nützlich sind auch einige Holzkohlestücke. Überwachsende Luftwurzeln auf keinen Fall abschneiden, sondern vorsichtig ins Gefäß führen.

Gießen und Düngen

Statt Gießen ist bei *Vanda* **häufiges Sprühen**, vor allem über die Wurzel, angeraten. Frei aufgebundene Pflanzen werden natürlich gegossen! Sprühwasser nicht zu kalt verwenden. Reste des Wassers dürfen auch nicht in den Blattachseln verbleiben, sonst faulen die Pflanzen. Die Luftfeuchtigkeit kann im Glas ruhig im Bereich 60–90 % liegen.

Dünger wird **mäßig, aber regelmäßig** verabreicht. Nur so können kräftige Pflanzen wachsen, wie hier in einer Orchideengärtnerei. Er kann, natürlich in geringerer Dosierung, auch gesprüht werden. Dabei wenn möglich auch die Blattunterseiten benetzen. Vorsicht bei Sonne! Trocknet die Düngerlösung zu schnell auf den Blättern oder Wurzeln, kommt es zu einer gefährlichen Salzkonzentration und zu Verbrennungen.

Bei *Vanda* kommt es durch das häufige, aber notwendige Besprühen besonders auf die **Wasserqualität** an. Regenwasser bzw. weiches Wasser ist wichtig. Der Einsatz von Filtersystemen bei hartem Wasser ist daher von Vorteil. Eine zusätzliche Bewässerung lässt sich mit den sonst für Schnittblumen üblichen Röhrchen realisieren, die mit Wasser gefüllt über die Wurzeln gestülpt werden. Häufig wechseln. Vorsicht: die Wurzeln nicht quetschen.

Hydrokultur

Im Sommer sowie im Freien muss man evtl. Vasen und andere Glasgefäße entfernen, da die Wurzeln darin leicht verbrennen, besonders in gewölbten Gläsern. Bei Trockenheit auch im Garten reichlich sprühen. **LECHUZA®, SERAMIS®** und Hydrokultur sind eher **weniger geeignet**. Allerdings wachsen die Wurzeln in die Blähton- oder SERAMIS®-Schicht des Gefäßes – z. B. einer Glasvase oder eines Aquariums.

Zygopetalum

Nicht nur die blaue Farbe, auch der Duft und die lange Blütezeit haben diese Gattung zum Insidertipp gemacht. Allerdings muss man sich schon etwas Mühe geben, um den Pflegewünschen gerecht zu werden. Um diese Besonderheiten geht es in diesem Kapitel: Ruhezeiten, Blüten im Neutrieb und um die Belohnung am Schluss – den herrlichen Duft.

Duftiger Geheimtipp

Früher eher selten und ein Geheimtipp unter Orchideenfreunden, lassen sich *Zygopetalum* heute überall im Handel finden. Als Besonderheit zu nennen sind natürlich die blaue Farbe der Blüten, die bizarre Lippe und der starke, an Hyazinthen erinnernde Duft. Alle *Zygopetalum* wachsen epiphytisch. Die Gattung besteht aus weniger als 20 Arten, die allesamt in Süd- bis Mittelamerika, Mexiko und Westindien beheimatet sind. Verbreitungsschwerpunkt ist Brasilien.

Heute sind allerdings die Hybriden, auch solche mit anderen Gattungen, viel interessanter – es gibt derzeit etwa 15 Gattungshybriden mit *Zygopetalum*. Wuchs und Blüte, aber auch die Temperaturtoleranz wurden deutlich verbessert. Das wirklich Besondere an der Gattung ist die Möglichkeit, dass sich – optimale Bedingungen vorausgesetzt – bei vielen Sorten zwei Blütenstände pro Jahr entwickeln können. Blau ist nicht mehr typisch, »neue« Farben kommen dazu.

Das Bild zeigt eine typische moderne Sorte dieser Gattung. Blau in allen Variationen!

Blüten

Die **typische Blüte** von *Zygopetalum* hat einen aufrechten, fünf- bis zehnblumigen Schaft von bis zu 60 cm Länge. Die Einzelblüte ist 4–6 cm breit. Sepalen und Petalen sind meistens gleichfarbig, manchmal gepunktet oder purpurbraun gefleckt, das Labellum ist meist violett gestrichelt. Hauptblütezeit ist von September bis März.

Nach der Blüte ist gleichzeitig Wachstumsbeginn, da sich **Trieb und Blüte zusammen entwickeln**. Aus diesem Grund verlangen Trieb und Rispe dann auch mehr Feuchtigkeit, es darf natürlich auch schon gedüngt werden. Bei den Hybriden, auch den Gattungshybriden, hat sich diese Eigenschaft häufig als dominant erwiesen.

Standort

Zygopetalum **wollen es** eigentlich **hell**, müssen bei Sonne allerdings schon einmal beschattet werden. Anderseits sind sie aber anpassungsfähig und gedeihen auch am Nordfenster. Ein hellgrünes oder rötlich-gelbes Blatt zeigt zu viel Licht, ein fahl- bis flaschengrünes Blatt zu wenig. Der Mittelweg ist auch bei *Zygopetalum* richtig, wie die Farben der hier gezeigten *Zygopetalum* 'Harlekin Cappucino' beweisen.

Die Arten und alle Züchtungen wachsen bei **temperierten oder eher kühl temperierten Bedingungen**, sind aber anpassungsfähig. Im Sommer liegt die Spannweite zwischen 12 °C und 28 °C, im Winter zwischen 12 °C und 18 °C. Bei zu hohen Temperaturen im Sommer kann es passieren, dass die Neutriebe ihr Wachstum plötzlich einstellen. Sie wachsen aber weiter, sobald es wieder kühler wird und sie möglichst hell und nicht irgendwo im Zimmer platziert sind.

Gießen

Im Sommer soll der **Pflanzstoff ständig feucht gehalten** werden und darf während der gesamten Wachstumsperiode nie ganz austrocknen. Probleme mit Wurzelschäden sind eher selten, doch muss man Staunässe natürlich vermeiden. Überschüssiges Gießwasser soll selbstverständlich auch nicht im Übertopf stehen bleiben! Nur noch *Vanda* hat ein vergleichbares Blau bei den Blüten zu bieten.

Wurzeln

Die **Wurzeln der *Zygopetalum* entwickeln sich kräftig**, häufig drohen sie sogar den Topf zu sprengen. Zumindest schieben die Wurzeln die Pflanze manchmal aus dem Gefäß, weiße Wurzeln zeigen eine gute Entwicklung an. Braune, faule Wurzeln oder solche mit einer Salzkruste durch Gießwasser oder Dünger signalisieren Pflegefehler.

Umtopfen

Beim Umtopfen ist bisweilen die Blüte, die sich ja mit dem Trieb entwickelt, hinderlich – in dem Fall ruhig **warten, bis sie verblüht ist**. Bei der Verwendung von SERAMIS® oder LECHUZA® kann man bedenkenlos in der Blüte umsetzen – zumindest bei gesunder Wurzelentwicklung. Dränage einsetzen und Containertöpfe verwenden. Bei kräftigen Pflanzen wie der hier gezeigten *Zygopetalum* 'Rhein Blue' einen größeren Topf wählen.

Hydrokultur

Zygopetalum **benötigt relativ viele Nährstoffe**, auch in SERAMIS® oder LECHUZA®. Düngen sollte man mindestens bei jeder dritten Gießgabe in der vom Hersteller empfohlenen Dosierung. Zusätzlich empfiehlt es sich, mit Beginn des Wachstums einen stickstoffbetonten Dünger anzuwenden.

Besonderheiten

Unbedingt im Handel **auf neue Sorten achten**, da gerade die Gattungshybriden noch einige Überraschungen bringen werden. Hier liegt ein Schwerpunkt der Züchtung in Australien, aber auch Europa hat Neues zu bieten. Der Ratschlag immer seiner »Nase« zu vertrauen, ist hier in der Tat nicht übertrieben.

Cattleya

Cattleya wird der Superstar, oder ist es letztlich doch nur Geschmacksache? Kaum lässt es sich aber bestreiten, Größe Farbe, Duft und Form sind bei Arten dieser Gattung besonders auffallend. »Starallüren«, oder eher pflegeleicht, mehr dazu in diesem Kapitel. Doch jeder Star will ins rechte Licht gerückt werden, auch die *Cattleya* und ihre Verwandtschaft.

Gut für Überraschungen

Eine Gattung mit nur ca. 65 Arten, die aus Süd- und Mittelamerika stammen, jedoch zahlreiche Verwandtschaften mit den anderen Gattungen aufweisen und die häufiger angeboten werden als reine Arten oder Hybriden. Dazu zählen vor allem *Laeliocattleya* (= *Cattleya* × *Laelia*) und *Brassocattleya* (= *Cattleya* × *Brassavola*). Als Beispiel für noch mehr Gattungen sei *Potinara* erwähnt (= *Brassavola*, *Cattleya*, *Laelia* und *Sophronites*). Der Name der Gattung geht auf den Engländer William Cattley zurück, der im Jahr 1824 Bulben einer *Cattleya* zur Blüte brachte.

Innerhalb der Gattung unterscheidet man einblättrige und zweiblättrige Arten. Die meisten Arten wachsen epiphytisch, wenige lithophytisch. Wie bei vielen anderen Orchideen hat sich der Schwerpunkt neuer Züchtungen, darunter vor allem Sorten mit langer Haltbarkeit und Zimmertauglichkeit, von Europa und den USA in Richtung Japan und Taiwan verlagert.

× *Potinara* Haw Yuan Gold ist eine aus vier Gattungen gezüchtete Hybride, eine bei *Cattleya* recht häufige Verbindung

Blüten

Typische Arten mit **besonders großen Blüten** sind *Cattleya labiata* (Bild) oder *Cattleya mossiae*, die immerhin bis 17 cm Durchmesser erreichen können – und das mit bis zu fünf Blüten an einer Rispe. Allerdings sind die Blüten eher zart, fast durchscheinend, mit eindrucksvoller Lippe und schönem Duft! Da wird sich immer schnell ein Bestäuber finden, sodass die Haltbarkeit der Blüten eher gering ist.

Ganz anders die hier gezeigte **eher kleinblumige** *Laeliocattleya* 'Thai Glow', nicht nur ihre Farbe lässt *Laelia* als Partner vermuten, auch die feste Blüte und die entsprechend lange Dauer der Haltbarkeit. Sie hat viele, aber eben nicht so große Blüten! In diesem Spektrum bewegen sich alle *Cattleya*-Hybriden – groß bedeutet kurze Haltbarkeit der Blüten – klein bedeutet eine lange Haltbarkeit! Sie haben weiche und fast wachsartige Blüten, manche duften schwach, andere wiederum stark.

Eine **rote Cattleya war viele Jahre das erhoffte Zuchtziel**, *Sophronites coccinea* aus Brasilien erwies sich dafür als der richtige Partner. Allerdings waren die Blüten zunächst nicht rot, sondern eher blaurot und zudem sehr klein. Inzwischen gibt es feuerrote Sorten wie die abgebildete *Sophrolaeliocattleya* 'Vallezac' (Lc. 'Golden Gate' × Slc. 'Anzac'), die keine Wünsche offen lassen und dazu auch noch lange blühen.

Standort

Fast alle *Cattleya* sollen **hell bis halbschattig** kultiviert werden, in einer temperiert-warmen Umgebung, aber immer mit einer Nachtabsenkung. Optimal sind ca. 25 °C am Tag und 16 °C in der Nacht. Im Wachstum benötigen sie einen Standort, der so hell wie möglich ist, auch Garten und Balkon werden gut vertragen, nach einer Eingewöhnungszeit sogar ohne Schatten. Rotes Laub ist ein Zeichen von zu viel Licht. *Laelia* Nachkommen wie die hier gezeigte *Laeliocattleya* 'Trick or Treat' vertragen es auch kühler und feuchter!

Cattleya **benötigen viel Frischluft**, denn an vielen ursprünglichen Standorten wachsen sie in großer Höhe in den Baumkronen. Auch in der Ruhezeit muss daher für ausreichend Luftbewegung gesorgt werden. Sie sind recht unempfindlich gegen kalte Zugluft, vor Frost am offenen Fenster müssen allerdings auch sie geschützt werden. Die hier abgebildete *Potinara* 'Burana Beauty' ist so eine unempfindliche Sorte.

Pflege

Meist haben *Cattleya* und ihre Hybriden recht **lange Rhizome**, die **Bulben** sind **eher länglich** als rund. Ein oder zwei Blätter am Ende des Bulbes geben einen ersten Hinweis für die notwendige Pflege. So haben die Erstgenannten ein deutlich ausgeprägteres Ruhebedürfnis bei niedrigerer Temperatur. Die anderen wollen es eher zimmerwarm und auch in der Ruhezeit nicht zu kalt.

Es gibt eigentlich keine allgemeinen, *Cattleya*-typischen Hinweise, was nach der Blüte einer Hybride zu tun ist. Die Blüte kann mit den neuen Trieben am Ende der Entwicklung eines Triebes, inmitten oder am Ende einer Ruhezeit gebildet werden. **So kann die Knospe** fast ein halbes Jahr fertig entwickelt **in der Scheide ausharren**.

Wurzeln und Neutriebe

Die **Wurzeln** sind **meist kräftig** und breit ausgebildet, eigentlich robust. Wenige Hybriden haben kleine, eher runde, dann auch empfindliche Wurzeln. Alle wachsen recht flach, was ihre Pflege durch eine Kultur im Ampelgefäß oder im Korb erleichtert. Auch Aufbinden ist möglich.

Schon die **Neutriebe** der *Cattleya* **benötigen viel Licht**, damit sie nicht vergeilen. Die ausreichende oder zu geringe Lichtmenge erkennt man bereits am Trieb, hellgrüne, längliche und dünne Triebe deuten auf zu wenig Licht, kurze, kräftige Triebe zeigen das richtige Maß an. Als Erstes zeigt sich der Wurzelansatz!

Umtopfen und Vermehren

Der **Wurzelansatz bestimmt beim Umtopfen die richtige Pflanzhöhe** im neuen Gefäß. Vor dem Einsetzen alle beschädigten, vor allem aber faulen, braunen und nassen Wurzeln entfernen. Im Topf müssen mindestens zwei neue Triebe Platz finden. Da *Cattleya* recht lange Rhizome entwickeln, sollte man für diese Orchideen möglichst flache Gefäße oder Körbe verwenden.

Neben der recht einfachen Teilung ist auch eine **Vermehrung über Rückbulben** leicht möglich. Einzelne, gesunde Rückbulben treiben in Sphagnum ziemlich sicher aus. Die Bulben gut fixieren! Bei den Rückbulben zuerst den losen Bast entfernen oder zumindest kontrollieren, da sich hier gerne Schädlinge verbergen. *Cattleya* benötigen später ein sehr grobes Substrat.

Gießen und Düngen

Gegossen werden die *Cattleya* immer **erst, wenn das Substrat fast komplett ausgetrocknet** ist. Dann aber reichlich, auch tauchen kann nützlich sein, selbstverständlich in der Ruhezeit deutlich weniger. Hohe Luftfeuchtigkeit ist nicht erforderlich, übersprühen wird von den Pflanzen jedoch geschätzt. Überschüssiges Gießwasser aus dem Untersetzer/Übertopf entfernen, darin verbleibendes Wasser hat sonst negative Folgen.

Als Epi- oder Lithophyten sind *Cattleya* nicht mit Nährstoffen verwöhnt, aber **ohne Dünger geht es auch bei ihnen nicht**. *Cattleya* kommen allerdings mit Nährstoffmangel besser zurecht als mit Überschuss. Entscheidend ist immer der Zustand einer Pflanze. Ruhe- und Wachstumszeiten sind genauso maßgebend wie Licht und Düngerqualität. Bei gesunden Pflanzen wird mit dem Beginn des neuen Triebes gedüngt. Hier abgebildet: × *Laeliocattleya* Alma Wichmann.

Pflegebesonderheiten

Bei *Cattleya* werden die Knospen durch eine Blütenscheide geschützt. Dieser zartgrüne Schutz vertrocknet im Laufe der Zeit. Das ist normal, nur die Knospe selbst muss grün bleiben. Durch die Scheide kann man die Knospen deutlich erkennen. Leider wird die **Blütenscheide** im Zimmer manchmal sehr fest und hart, dann kann unter Umständen sogar die Knospe eintrocknen. Besser ist es, **in der Zimmerpflege die Scheide vorsichtig** zu **öffnen**, ohne die Knospe zu beschädigen.

Krankheiten und Schädlinge

Eigentlich kann man für *Cattleya* spezifische Krankheiten nicht nennen, allerdings werden »alte« Hybriden deutlich häufiger von **Viren** befallen als sonst üblich. Woll- und Schildläuse nisten unter dem Bast der Bulben. Schnecken, die an Trieben und Knospen fressen, sind beim Aufenthalt im Garten fernzuhalten. Ameisen tragen **Läuse** heran, die durch die Zuckerausscheidungen an der Blütenscheide angelockt werden, wie hier im Bild zu sehen.

Orchideen pflegen und vermehren

Hauptursache für viele Probleme sind Fehler in der Pflege, letztlich Gießfehler. Es gibt leider keine allgemeingültige Gebrauchsanweisung für Orchideen. Auch hier nicht, nur Hilfestellung zur richtigen Beobachtung und Auswertung an Orchideen. Bulben oder nicht? Was zeigt (sagt!) ein Blatt? Weich oder eher sukkulent? Will es viel oder wenig Licht? Mehr dazu in diesem Kapitel.

Grundlagen der Pflege

Manche Orchideen, hier *Dendrobium*, lassen sich durch Rückbulben, sogar Teilstücke, leicht vermehren.

Wenn man nun Blüten, Wurzeln, Blätter sowie die Lebensweise der Orchideen kennengelernt hat, lassen sich daraus einige grundsätzliche Pflegemaßnahmen ableiten. Gießen, Umtopfen und Teilen sind wichtige Faktoren, aber auch der Standort muss entsprechend gewählt werden. Eigentlich ist aber der wichtigste Pflegehinweis dieser: Vernachlässigen Sie Ihre Orchideen ruhig! Ein Zuviel, ob an Wasser, Licht, Schatten oder Dünger ist immer schlechter als ein Mangel. So sind **Orchideen** auch **ideale Urlaubspflanzen**, drei Wochen ohne Aufsicht – kein Problem, vorausgesetzt sie sind geschützt vor zu viel Sonne! Allerdings bestimmt der Minimumfaktor den Kulturerfolg. Langfristig führen zu wenig Licht oder Wasser genauso zum Misserfolg wie zu viel. In der gärtnerischen Pflege ist häufig der »grüne Daumen« genannt. Eigentlich ist der Daumen nur ein Sinnbild für eine gute Beobachtungsgabe. Je früher Fehler bemerkt werden, umso leichter sind sie zu beheben. Veränderungen, die man sich nicht erklären kann und Schädlinge, die man nicht bestimmen kann, sollten mit einem Fachmann abgeklärt werden. Meist genügt der Besuch im Gartencenter. Schwierige Fragen beantwortet der Orchideenfachbetrieb, Anschriften finden Sie im Anhang ab Seite 124.

Nützlich sind hier auch Orchideenforen im Internet. Allerdings sollte man nicht jedem Hinweis Glauben schenken, sondern ruhig hinterfragen.

Gießen

Gießen ist die am häufigsten anstehende und schwierigste Aufgabe in der Pflege. Leider gibt es dafür aber keine verbindlichen Regeln. Zuerst sollte man alle Faktoren kennen, die dabei zu berücksichtigen sind. Aus diesen Erkenntnissen leitet man die richtigen Maßnahmen ab, aber: Im Zweifel wird nicht gegossen!

Mittlerweile erleichtern **elektronische Feuchtigkeitsfühler d**ie Entscheidung, ob gegossen werden muss oder nicht. Doch die einfachste Methode bleibt die Fingerprobe. Dazu wird der Zeigefinger auf das Substrat gelegt. Nicht zu fest und nicht ohne hinzuschauen! Spürt man Kühle am Zeigefinger, wird nicht gegossen! Nach einiger Übung hat man ein zuverlässiges Messinstrument mit seinem »grünen Finger«.

Wenig oder viel, ein Schnapsglas voll, eintauchen oder nur mit dem Zerstäuber benetzen? Einmal in der Woche, alle 14 Tage? Viele Ratschläge sind vergeblich, denn die Menge und Häufigkeit wird allein von der Pflanze bestimmt. Die **Fingerprobe** (siehe Bild) hilft hier, dabei jedoch im Substrat und nicht an der Oberfläche fühlen. Wenn gegossen wird, soll das Wasser möglichst weich und zimmerwarm sein – Auskunft über den Härtegrad erteilt der Wasserversorger.

Kriterien für die Gießhäufigkeit sind einmal die Art der Orchidee. Handelt es sich um eine sukkulente Pflanze, wie etwa *Cattleya,* oder eine Blattorchidee wie *Macodes* oder *Ludisia*? Der Zustand des Substrates ist ebenfalls von Bedeutung: alt oder frisch, bereiten Moose und Algen Probleme? Dann die Jahreszeit. Nicht zuletzt stellt sich die Frage, ob die Orchidee gerade wächst und neue Triebe oder ein Herzblatt ausbildet oder sich in einer Ruhephase befindet.

Beim Gießen muss **durchlaufendes Wasser** aus dem Übertopf oder einer Schale **immer abgegossen** werden. Töpfe und Schalen soll man regelmäßig reinigen, damit werden Schmieralgen, Moos und (Schad-)Pilze verhindert. Nach dem Tauchen ebenfalls erst abtrocknen lassen und auch zum Tauchen nur zimmerwarmes Wasser verwenden. Hilfreich sind Steine, Styropor oder Blähton im Übertopf, damit die Orchideen niemals im Wasser stehen.

Wasserqualität

Auch eine **Aufbereitung des Wassers** ist möglich, da es diverse und auch preiswerte Filtersysteme gibt. Bei der Aufbereitung von ca. 100 Litern entstehen Kosten von weniger als 6,– €. Bei nicht zu hartem Wasser genügt manchmal jedoch eine einfache Kaffeemaschine. Dazu das Wasser einmal ohne Filter durchlassen, dabei werden Salze zum Teil ausgefällt.

Destilliertes Wasser kann immer nur gemischt mit normalem Wasser verwendet werden, ansonsten würde, die Orchidee an Salzmangel leiden! Bei hartem Wasser (20–30°dH) im Verhältnis 2:1, bei mittelhartem Wasser (8–20°dH) im Verhältnis 1:1 mischen. Besser ist natürlich die Verwendung von Regen-, Aquariums-(Süßwasser), Teich- oder Quellwasser. Eine regelmäßige Kontrolle des Wassers auf den Kalkgehalt ist hier ratsam.

Luftfeuchtigkeit

Luftfeuchtigkeit ist für tropische Pflanzen wichtig, da machen auch die Orchideen keine Ausnahme. Man muss deshalb aber nicht fürchten, mit seinen Orchideen in »schimmelfeuchten« Räumen leben zu müssen. Die meisten Orchideen sind auch hier genügsam. Ausnahmen werden im Porträtteil erwähnt. Vor allem der Wechsel von hoher zu niedriger Feuchte ist wichtig, damit Pilzkrankheiten vermieden werden.

Fensterschalen, **Untersetzer** und **größere Übertöpfe** verbessern die Luftfeuchtigkeit unmittelbar im Bereich der Pflanzen. Das ist für die Luftwurzeln wichtiger als die Feuchtigkeit im Raum. Wasser als Oberfläche ist dabei nicht gefragt, sondern ein Trägermaterial wie Blähton (Bild) oder Bims. Wasser verdunstet hier an der durch die rissige Struktur vergleichsweise großen Oberfläche, so erreicht man eine um mindestens 30 % höhere Luftfeuchte im Vergleich zur der Umgebung ohne Befeuchtung.

Licht- und Temperatur

Licht und Temperatur sind untrennbar verbunden. Licht = Sonnenwärme, durch Beheizung werden Licht und Wärme im Zimmer oder Gewächshaus entkoppelt. Man kann aber versuchen, sie »künstlich« wieder zusammenzuführen, und zwar mittels Heizungswärme in Verbindung mit einer Pflanzenlampe. In der Praxis ist dies allerdings nicht erforderlich. In der Regel reicht das Licht am Fenster – sogar an einem Nordfenster – völlig aus. Allerdings verbessert, besonders im Winter, zusätzliches Licht den Blüh- und Wachserfolg.

Zimmerpflanzen und damit auch Orchideen werden nach **unterschiedlichen Temperaturbereichen und Lichtansprüchen** aufgeteilt. Gärtnerisch üblich ist die Einteilung in kalt, temperiert und warm. Diese Angaben sind jedoch nur Richtwerte, die fast immer über- und unterschritten werden. Nachtwerte sollten immer bis zu 5 °C unter den Tageswerten liegen.

Licht wird in Lux gemessen, das Einheitenzeichen ist lx. Der Name leitet sich von der lateinischen Bezeichnung lux für das Licht ab. Orchideen benötigen je nach Gattung 5000 (schattig) und 10000 Lux (sonnig) – Werte, die ohne Zusatzbeleuchtung nur auf der Fensterbank erreicht werden. Allerdings führt zu viel Sonnenlicht, wie es am Südfenster von April bis August vorkommen kann, zu Verbrennungen ganzer Pflanzenpartien. Hier muss dann schattiert werden.

GRUNDLAGEN DER PFLEGE | 103

Orchideen, wie alle grünen Pflanzen, verwerten für ihr Wachstum nur einen Teil des sichtbaren Lichtspektrums. Die Chlorophylle, also jene Moleküle, die das Licht für die Fotosynthese einfangen, absorbieren hauptsächlich tiefrotes und blaues Licht. Speziell für diesen Bereich gibt es **Pflanzenleuchten**. Die Entwicklung geht auch hier in Richtung langlebiger, leistungsstarker Leuchtdioden (LED) mit einer Wellenlänge von 660 Nanometer.

Düngen

Düngung ist ein manchmal umstrittenes Thema, aber eigentlich besteht immer ein Zusammenhang zwischen dem Wasser und dem Substrat. Schließlich kommen die Nährstoffe aus dem Wasser oder der/dem Unterlage/Substrat. Tropische Regenschauer, besonders nach einem Gewitter, liefern viel Stickstoff, wichtige Spurennährstoffe verteilt der Wind. **Orchideen** sind zwar Überlebenskünstler, die **mit relativ wenigen Nährstoffen** auskommen, jedoch nicht ohne!

Verantwortlich für das Wachstum sind die Hauptnährstoffe Stickstoff, Kali und Phosphor. Stickstoff benötigen Pflanzen in Form von Nitrat zur Bildung von Chlorophyll sowie für das Wachstum der Blätter und Triebe. Phosphor als Phosphorsäure fördert die Entwicklung des Zellgewebes, sie sichert die Blüten- und Samenbildung. Kali benötigt die Pflanze für die Zellfestigkeit, besonders des Wurzelgewebes. *Phalaenopsis* sind daran gemessen Starkzehrer und benötigen ausreichende Mengen von allen Nährstoffen.

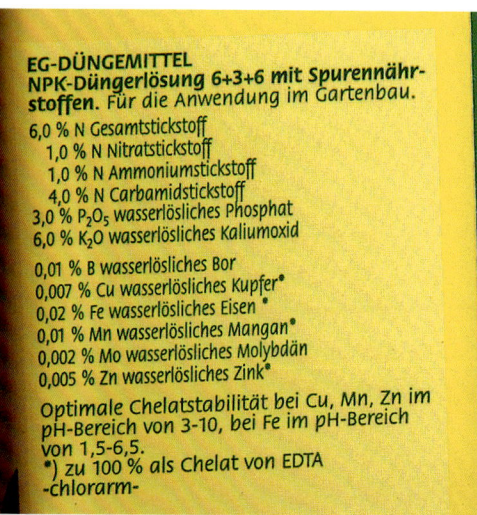

Neben den drei wichtigen Nährstoffen benötigen Orchideen aber noch weitere Mineralien (**Spurenelemente**). Auf den Etiketten der Orchideendünger sind die Verhältniszahlen der Hauptnährstoffe in stets gleicher Reihenfolge N:P:K (Stickstoff-Phosphor-Kali) angegeben. Weiterhin sind die wichtigsten Spurenelemente genannt, oder bei geringer Menge nur aufgeführt. Handelsübliche Spezialdünger sollten alle gleichermaßen gut geeignet sein.

Leider trifft das nicht immer zu, denn es kommt auf das **Stickstoff-Kali-Verhältnis** an. Es sollte 2:0 bzw. 8:2 sein, zur Blütenbildung auch 1:1:1. Phosphor (P) wird in relativ geringen Dosen benötigt und der Bedarf durch die Grundversorgung im Substrat zum größten Teil abgedeckt. Substrate mit einem pH-Wert über 5,5, und den haben die meisten Orchideenerden nach kurzer Zeit, speichern Phosphor in pflanzenverfügbarer Form und wirken daher auch zusätzlich als Phosphor-Puffer.

Die wichtigste Frage ist jedoch: **Wie oft muss man düngen?** Hier stehen zu Beginn zunächst die Angaben der Hersteller, sind aber wenig hilfreich, berücksichtigen sie doch nicht den individuellen Bedarf der Orchidee. Dabei ist es eigentlich ganz einfach! Bei jeder dritten Gießgabe wird Dünger zugesetzt! Im Wachstum also häufig, in der Ruhephase kaum oder selten.
Neben Düngern werden zunehmend Pflanzenhilfsstoffe angeboten, die Dünger nicht ersetzen, aber ergänzen.

Eine weitere Frage ist die **richtige Dosierung des Düngers** – hier sollte man den Angaben des Herstellers unbedingt folgen, hängt sie doch von der Zusammensetzung ab. So kann ein für Orchideen empfohlener Dünger wie Peters Professionell 20:20:20 haben, oder BioTrissol Orchideen Dünger 3:1,5:5. Zusätzlich gilt es zu beachten, dass aufgebundene Orchideen oder auch *Vanda* im Glas immer eine noch einmal um die Hälfte reduzierte Menge an Dünger erhalten sollten – dafür allerdings häufiger in der Anwendung.

Beliebt ist auch das **Übersprühen** der Orchideen **mit einer Düngerlösung**. Eigentlich werden die Pflanzen in der Natur ja auch stetig mit Wasser und Dünger versorgt. Hierbei muss man dann die Dosierung ebenfalls mindestens um die Hälfte bzw. auf ein Viertel der vom Hersteller angegebenen Dosis reduzieren. Allerdings sollte zwischenzeitlich immer wieder »normal« gedüngt werden, damit ausreichend Nährstoffe in das jeweilige Substrat gelangen.

Kalkgaben

Allgemein wird Kalzium (Kalk), z. B. **im Gießwasser** für Orchideen negativ gesehen. Es ist jedoch notwendig für den Aufbau von Zellstrukturen, da Kalzium Pflanzenenzyme aktiviert. Es beeinflusst den Wasserstrom, das Zellwachstum und die Zellteilung. Daneben sind weitere Spurennährstoffe erforderlich, die bei Mangel, oder wenn sie im Dünger nicht enthalten sind, nachgedüngt werden sollte.

Orchideen vermehren

Leider ist die Vermehrung von Orchideen über Aussaat nicht einfach. Die hierzu erforderliche lebensnotwendige Verbindung mit Pilzen wurde bereits erwähnt. So bleibt eigentlich nur die vegetative Vermehrung.

Am einfachsten ist die hier gezeigte Teilung der sympodial wachsenden Orchideen. Sind sie einmal groß genug, teilt sich das Rhizom in zwei Richtungen – dann wird einfach ein Teil, mindestens jedoch drei Bulben, abgetrennt. Bei den monopodial wachsenden Orchideen ist es etwas aufwendiger, hier muss ein Kopfsteckling gewonnen werden, wobei man die Pflanze nicht selten gefährdet. Zusätzlich hilft die Natur mit der Bildung von Kindeln, das sind eigentlich fehlgeleitete Entwicklungen einer Adventivknospe. So entstehen nicht erst Blätter oder Blüten, sondern gleich neue Pflanzen, und zwar nicht selten als Folge einer Verletzung oder eines Kulturfehlers.

Die Teilung geschieht am besten zeitgleich mit dem Umtopfen. Dazu gehört auch die Auswahl der Substrate und Gefäße.

Die einfachste Vermehrung der Orchideen ist die Teilung, meist beim Umtopfen.

Vegetative Vermehrung

Kindel bilden sich am Stängel oder an den Bulben, man kann ihre Bildung fördern durch Wachstumshormone (Keiki-Paste). Das sind Hormone, die eine Orchidee unter Stress entwickelt. Als Paste im Fachhandel zu erwerben, wird sie mehrfach auf ein »schlafendes Auge« des Blütenstandes aufgetragen. Mit etwas Glück bildet sich nach einigen Wochen ein Kindel. Dieses muss dann Wurzel entwickeln, ehe es von der Pflanze entfernt wird.

Die **Teilung** einer sympodial wachsenden Orchidee scheint auf den ersten Blick brutal. Auch ein gewisser Kraftaufwand sowie eine scharfe Schere oder ein Messer sind notwendig. Quetschende Schnitte sind zu vermeiden, da großflächig verletzte Wurzel- oder Pflanzenteile das Eingangstor für Pilzinfektionen sind. Die Teilung wird üblicherweise mit dem notwendigen Umtopfen vorgenommen. Dabei sollen mindestens drei Bulben an jeder Teilpflanze verbleiben. Im Bild zu sehen ist eine Odontonia Hybride vor der Teilung.

Das richtige Substrat

Substrate für Orchideen bestehen aus Mischungen unterschiedlicher Bestandteile. Meist unter der Bezeichnung Orchideen-Erde. Die Erden enthalten, je nach Hersteller, überwiegend Rinde und Torf in unterschiedlicher Qualität. Profigärtnereien verwenden auch anorganische Materialien wie Perlite, Schaumstoff, Blähton, Steinwolle und Styropor sowie weitere organische Bestandteile wie Kokosfasern, Holzkohle oder Sphagnum.

Kokoschips (»coco chips«) und Rinden gibt es in unterschiedlichen Fraktionen. Besonders Rinden können qualitativ sehr unterschiedlich sein, abhängig davon ist deren Zersetzung. Pinienrinde zersetzt sich sehr langsam, heimische Rinden eher schnell! Kokoschips sind im Substrat besonders strukturstabil, dadurch ist die mikrobielle Abbaubarkeit und die Stickstoff-Immobilisierung in der Regel gering.

Grundsätzlich unterscheiden sich die Substrate für Hobbygärtner und Profis erheblich, und zwar nicht in erster Linie qualitativ, sondern in den Grundanforderungen: **Hobbygärtner gießen im Durchschnitt zu viel**, sie wollen ihre Pflanzen schützen – daher muss das Substrat sehr wasserdurchlässig sein. Profis wollen ihren Aufwand reduzieren und wenig gießen, bevorzugen also wasserhaltende Bestandteile. Ein Beispiel dafür ist die hier gezeigte Steinwolle. Mit diesem Profisubstrat kommen die Pflanzen meist in den Verkauf – und schon beginnen die Schwierigkeiten!

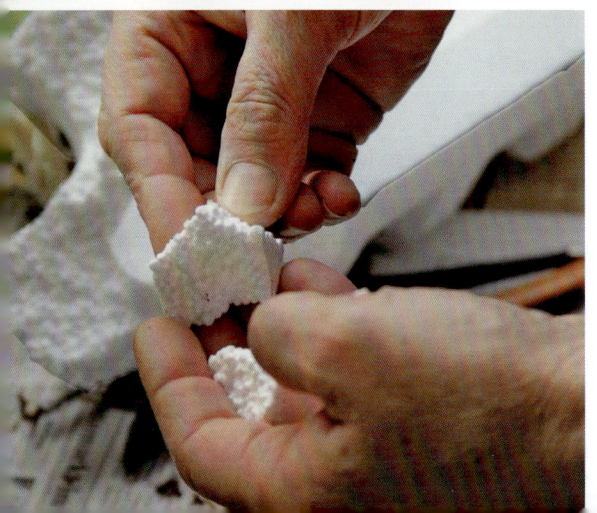

Eine einfache Möglichkeit das Substrat für den allzu gießfreudigen Kultivateur zu verbessern, ist die **Zugabe von Styropor** aus Verpackungs- oder Isoliermaterial zu der handelsüblichen Orchideenerde. Dabei darf man aber nicht übertreiben, maximal ein Drittel Styropor reicht aus. In diesem Fall Dränageschicht geringer wählen, relativ fest topfen und alles gleichmäßig einmischen.

Kulturgefäße

Spezielle **(Kultur-)Gefäße für Orchideen** hat es schon früh gegeben, zuerst aus Ton mit mehr oder weniger großen Löchern an den Seitenwänden und im Boden. Auch gab und gibt es Holzkörbchen für epiphytisch wachsende Orchideen. Dann kam Kunststoff in Mode und machte auch vor Orchideen nicht Halt. Die neueste Variante sind lichtdurchlässige Töpfe aus Polypropylen, die es manchen Luftwurzeln, wie denen der *Phalaenopsis*, erlauben zu assimilieren.

Transparente Töpfe sind eigentlich eine tolle Sache, würden nicht meisten Kulturgefäße ohnehin in einem Übertopf verschwinden. Jetzt bleibt als Vorteil die durch die Transparenz des Topfes gut durchführbare Wurzelkontrolle. Da sehr viele Orchideen verkauft werden, sind die Töpfe Teil eines Systems – vom Packtrailer bis zum Verkaufskarton. So werden auch spezielle Container verwendet, und das mögen Epiphyten eigentlich gar nicht, da sie flache Gefäße mit verhältnismäßig großem Durchmesser bevorzugen.

Ideal sind **Ampelpflanzentöpfe**: sie sind flach und haben den richtigen Durchmesser. Sogar der meist fest verbundene Untersetzer ist praktisch. Ein Nachteil: Sie passen in (fast) keinen Übertopf. Wer Platz am Fenster hat, kann ihn für zusätzlichen Kulturraum nutzen. Wenn die Orchideen hier über den Rand des Topfes wachsen, sieht das sehr schön aus, fast natürlich! Farblich ist die Auswahl etwas eingeschränkt, häufig werden nur Braun, Weiß oder Terrakotta angeboten.

Orchideen umtopfen

Umtopfen, auch in Bewässerungssysteme, ist im Ablauf eigentlich immer ähnlich.

Umtopfen wird etwa alle zwei Jahre notwendig, die richtige Erde gibt es im Gartencenter. Doch wann ist der richtige Zeitpunkt zum Umtopfen? Welches Gefäß ist richtig, wie groß muss es sein? Drainage oder nicht? Darf man gleich wieder Gießen oder nur Sprühen und muss man die Wurzeln beschneiden?

Das Orchideensubstrat besteht in der Regel aus überwiegend organischem Material, das sich natürlich mit der Zeit zersetzt. Abhängig von der Qualität der Rinde ist nach 15 bis 30 Monaten nur noch verdichtetes Material vorhanden – besonders dann, wenn auch noch zu reichlich gegossen wurde. Die Luftwurzeln können dann nicht mehr atmen. Auch reichern sich Salze aus dem Gießwasser im Substrat an, die noch zusätzlich die Wurzeln schädigen. Natürlich wird der Topf bei einer normalen, positiven Entwicklung der Orchidee nach 2–3 Jahren zu klein. Neue Triebe finden keinen Platz mehr und können sich daher nicht optimal entwickeln. Umgetopft wird darum alle 2–3 Jahre. Ausnahmen: Sofortiges Umtopfen wird erforderlich, wenn das Substrat veralgt oder schmierig ist und die Wurzeln faulen. Wenn eine neu gekaufte Pflanze keine oder schlechte Wurzeln hat, oder wenn man mit dem Substrat (z. B. Schaumstoff) nicht zurechtkommt. Natürlich wird auch umgetopft, wenn man Bewässerungssysteme einsetzen will. Manche kann man sogar in der Blüte verpflanzen.

Vorbereitung

Vorbereitung ist der halbe Erfolg! **Zeigt sich Wachstum, ein neuer Trieb oder ein neues Herzblatt**, wie hier zu sehen? Die Pflanzen zwei Tage vor dem Umsetzen noch einmal düngen und auf jeden Fall ausreichend wässern, damit die Wurzeln sich vollsaugen und dadurch weicher werden. So lassen sie sich später leichter aus dem Topf lösen und brechen nicht so schnell. Neues Substrat bereitstellen und eventuell anfeuchten, bei sehr trockenem Pflanzstoff Spülmittel zum Anfeuchten verwenden.

Genügend Pflanzgefäße, **Material** zum Aufbinden – z. B. Tonkinstäbe, Bast oder Bindedraht – und scharfe Scheren oder Messer bereithalten. Töpfe reinigen und eventuell mit Alkohol desinfizieren. Dabei überlegen: Benötigt die Pflanze einen größeren Topf? Muss oder will man teilen? Reicht die Auswahl an Gefäßen bezüglich Durchmesser und Anzahl? Zusätzlich die Dränage vorbereiten: Hierfür eignen sich Styroporflocken, Kies oder Korkeichenstücke. Zur Behandlung der Schnittstellen wird Holzkohlepulver benötigt.

Austopfen

Die Orchidee zuerst vorsichtig aus dem alten Gefäß lösen, notfalls das Gefäß zerstören, aber niemals an der Pflanze reißen. **Kunststofftöpfe** lassen sich drücken oder man kann leicht an den Topf klopfen. Alte Pflanzstoffreste vorsichtig von den Wurzeln entfernen, z. B. durch leichtes Schütteln. Bei einigen Systemen, wie z. B. LECHUZA®, kann mehr Pflanzstoff an den Wurzeln verbleiben.

Schnittmaßnahmen

Alle geschädigten, verfaulten oder geknickten Wurzeln entfernen sowie alle Wurzeln, die im neuen Gefäß ohnehin keinen Platz finden würden. Sie dürfen dabei nicht geknickt oder gebrochen werden, da sie später an den Knick- oder Bruchstellen faulen würden. Bei einem geschlossenen Wurzelballen (Cymbidium, Zygopetalum) ist etwas Kraftaufwand notwendig, dann lassen sich aber auch keine einzelnen Wurzeln mehr schneiden – man muss in diesem Fall den ganzen Ballen teilen.

Dazu zunächst **geschädigte Blätter und/oder Bulben**, aber auch Blütenreste und vertrocknete Stängel entfernen. Möglicherweise ist bei vielen blatt- und wurzellosen Bulben ein Verjüngungsschnitt erforderlich. An jeder sympodial wachsenden Pflanze sollten höchstens drei nicht bewurzelte oder blattlose Bulben verbleiben. Dies bietet Gelegenheit zur vegetativen Vermehrung oder Teilung der Pflanze!

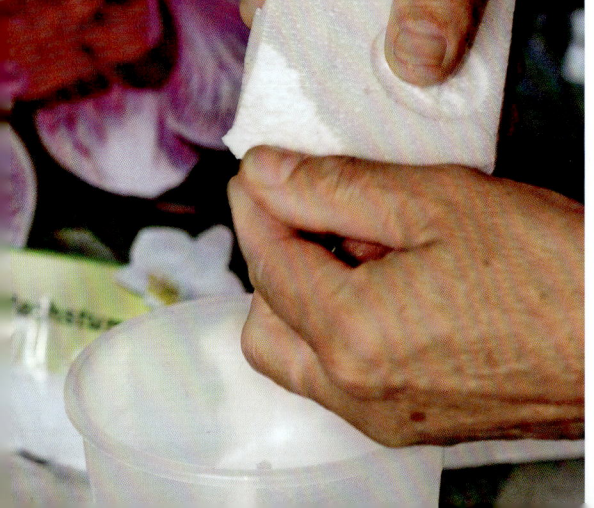

Das Gefäß wählen

Bei **sympodial wachsenden Orchideen** sollte das neue Gefäß **Platz für zwei Jahrestriebe** bieten. Dränage aus Styropor, bei kleinen Töpfen auch Blähton, in den Topf geben und ca. 1/3 des Gefäßes auffüllen. Bei guter Bewurzelung das Substrat vorsichtig zwischen die Wurzeln bringen. Das Pflanzsubstrat vorsichtig nachschieben und andrücken. Die Orchidee darf niemals wackeln, daher an einen Stab oder Drahtring anbinden.

Aufbinden

Aufbinden auf Äste, Weinreben oder andere Unterlagen mithilfe von weichem Bindematerial, z. B. mit zerschnittenen Damenstrümpfen, Kunstbast, auch Aluminium- oder Kupferdraht eignen sich. Natürliches Material zuvor reinigen, selbst gesammelte Äste evtl. auf Schädlinge unter der Rinde kontrollieren. Zum Aufbinden wird der Neutrieb auf der Unterlage eingepasst; zukünftige Triebe müssen über mehrere Jahre Platz auf ihr finden können.

Das **Pflanzsubstrat als Schutz vor dem Bindematerial vor die (weichen) Wurzeln legen.** Die Pflanzen trotzdem kraftvoll festbinden, sie dürfen nicht wackeln. Dabei natürlich nicht in Wurzeln, Rhizom oder Bulben einschneiden, lieber mehr Bindematerial verwenden. Dann alles zusätzlich mit *Sphagnum*-Moos abdecken. Geeignet ist sowohl getrocknetes als auch frisches Material. Achtung: Aus Naturschutz-Gründen darf *Sphagnum* nicht überall in der Natur gesammelt und mitgenommen werden!

Das **Substrat** einmalig **kräftig durchspülen**, um Feinteile zu entfernen, dann aber mindestens 14 Tage austrocknen lassen. Den Standort für die frisch umgepflanzte Orchidee eher schattig wählen. Hohe Luftfeuchtigkeit schützt vor dem Austrocknen, eventuell zusätzlich eine Folie als Haube überstülpen. Da die Orchideen zunächst über die geschädigten Wurzeln nicht beziehungsweise nur begrenzt, Wasser und Nährstoffe aufnehmen, alles häufig übersprühen.

Seramis, Hydrokultur & Co.

Nur bei der Orchideenvase ist ein vollständiges Ausspülen der Wurzeln notwendig.

Alle Systeme zur Pflege von Orchideen sind letztlich nur Gießhilfen. Ob mit viel oder wenig Aufwand, ob Blähton, Dochtsysteme oder spezielle Substrate – immer kommt es darauf an Gießfehler zu vermeiden. Wenn die Systeme auch noch besonders formschön und dekorativ sind, passen sie perfekt zur natürlichen Anmut der Orchideen. Bereits mehrfach erwähnt wurde, dass mehr als 90 % aller Misserfolge in der Orchideenpflege auf Gießfehler zurückzuführen sind. Hilfe bieten Wasserstandsanzeiger, sich selbst versorgende Systeme, oder einfach eine permanent hohe Luftfeuchtigkeit, z. B. durch die Verwendung von Orchideenvasen. Viele dieser Erfindungen für eine Erleichterung bei der Pflege sind allerdings schnell wieder vom Markt verschwunden, die hier genannten haben sich jedoch bereits etabliert. Am besten erkennt man es daran, dass die Systeme von anderen Herstellern kopiert werden.

Am längsten bewährt in der Praxis hat sich die Hydrokultur. Doch, welche Pflegesysteme auch immer empfohlen werden, alle haben zwei Ziele: den richtigen Umgang mit dem Gießen und die Bevorratung von Wasser. Damit sollen Gießfehler vermieden und bei längerer Abwesenheit Gießpausen überbrückt werden. Bei den hier vorgestellten Systemen funktioniert das auch. Nur einen Schädlingsbefall und grobe Fehler, wie etwa zu viel oder zu wenig Licht sowie falsche Temperaturen, können auch sie nicht vermeiden! Dies Buch also bitte trotzdem lesen!

Seramis-Kultur

Das **SERAMIS®-Spezial-Substrat für Orchideen** ist ein Mix aus speziell hergestellten größeren Tonkörnchen, hochqualitativer Pinienrinde und Spurenelementen. Die lockere und offene Struktur sorgt für optimale Belüftung der empfindlichen Wurzeln und besten Wasserhaushalt. So werden Staunässe und Wurzelfäulnis zuverlässig verhindert. Eine zusätzliche Kalzium-Zufuhr fördert das gesunde Wachstum.

SERAMIS®-Granulat lässt sich in einem Gefäß mit Abzugslöchern ganz normal wie Orchideenerde verwenden. Es ist gießfest und pflegeleicht. Allerdings hat der bei SERAMIS® sonst übliche Wasserstandsanzeiger hier keine Funktion. Sinnvoller ist es, das relativ teure Substrat in **Töpfe ohne Abzugslöcher einzusetzen**, wegen der besseren Kontrollmöglichkeit idealerweise in ein Glasgefäß! Zuerst feines SERAMIS®-Ton-Granulat (mindestens 2 cm) als Dränage in den Topf geben, dann das Orchideen-Substrat einfüllen, bis die Orchidee in der richtigen Höhe, wie üblich, eingesetzt werden kann.

Hydrokultur und Blähton

Blähton wird aus Ton hergestellt. Das Material bläht sich kugelförmig auf. Für Orchideen wird die **Körnung von 8–16 mm** verwenden. Bei der Umstellung den richtigen Zeitpunkt (Neutrieb, Bildung eines Herzblatts) wählen. Zuerst das alte Substrat vollständig auswaschen, faule Bestandteile entfernen und Schnittstellen mit Holzkohle behandeln. Alles trocknen lassen, dann den Topf mit Blähton und der Orchideenpflanze auffüllen.

In der Kultur wird der **Wasserstand** am Anzeiger abgelesen, bei Orchideen nur bis Optimum, nie bis Maximum auffüllen. Erst dann wieder auffüllen, wenn er auf Minimum zurückgefallen ist. Orchideenwurzeln, die in das Stauwasser reichen, faulen meistens. Geschädigte Wurzeln vorsichtshalber gleich entfernen und den Blähton mehrmals im Jahr auswaschen, dies schützt auch vor Versalzung! Alle anderen Pflegemaßnahmen wie sonst üblich. Während der Ruhezeit ist Wasser nicht erforderlich.

Lechuza-System

Zu den Erfolgsgeschichten der letzten Jahre zählt das Erdbewässerungssystem von LECHUZA®. Ein bisschen Hydrokultur, ein bisschen SERAMIS® – und doch ganz anders. Mittlerweile werden **unterschiedlichste Pflanzgefäße** angeboten. Für Orchideen wie der hier gezeigten *Miltonia* haben sich all diejenigen mit einer Dochtbewässerung als besonders erfolgreich bewährt. Zwischen dem Substrat und dem Wasservorrat befindet sich ein Trennboden, das Wasser wird über Dochte in das Substrat befördert.

Kontrolliert wird der **Wasserstand** über den **Anzeiger**. Als Substrat dient das rein mineralische Pflanzsubstrat LECHUZA-PON®, es enthält Zeolith. Zeolithe haben interessante Eigenschaften: Sie filtern Wasser, verhindern Bakteriosen u. Ä. und speichern gleichzeitig Wasser. Die Orchideen werden zunächst vom alten Pflanzstoff befreit, der nur locker abgeschüttelt wird. Nicht auswaschen, dabei fällt vor allem die Rinde ab. Dies kann (fast) zu jeder Jahreszeit gemacht werden.

Den Boden des Einsatzes fingerbreit mit LECHUZA-PON® auffüllen und die Kontaktschicht für den Docht einbringen. Danach die Orchidee einsetzen und das Granulat zwischen den Wurzeln verteilen. Durch leichtes Klopfen am Gefäß erhalten die Orchideenwurzeln Kontakt zum Granulat. Kontrolliert wird über den Wasserstandsanzeiger – für Orchideen immer zwischen Optimum und Minimum, erst bei Minimum auffüllen. Kleinere Gefäße haben keinen Anzeiger, hier wird direkt im Gefäß kontrolliert.

Klimavasen

Klimavasen sind eine Neuheit aus der Schweiz. Ursprünglich waren sie wohl hauptsächlich für *Phalaenopsis* gedacht. Der wulstige Vasenrand sorgt für ein **spezielles Kleinklima in der Vase**. Für die Kultur in der Klimavase müssen die Orchideen, wie bei der Hydrokultur, vollständig vom alten Substrat befreit werden. Dazu unter fließendem Wasser die Wurzeln vollständig freispülen sowie verletzte und abgestorbene Teile sorgfältig zurückschneiden.

Orchideen können **mit normalem Leitungswasser**, destilliertem Wasser oder mit Regenwasser **gegossen** werden. Dünger wird nur äußerst sparsam zugegeben. Durch die Wölbung am Glasrand der Vase kondensiert das Wasser beim Verdunsten, dies soll für ein Klima wie in den Tropen sorgen. Nachgegossen wird erst, wenn das Wasser vollständig verdunstet ist. Etwa alle zwei Monate die Orchidee vorsichtig herausnehmen, die Wurzeln kontrollieren und das Glas samt der Holzkohle gründlich reinigen..

Krankheiten, Schädlinge, Pflegefehler

Grüne Läuse sind unangenehm, aber leicht zu beseitigen, auch mit Hausmitteln.

Nicht nur tierische Schädiger, auch wenn diese meist zuerst entdeckt werden, machen den Orchideen zu schaffen. Bakterien, Pilze und Viren, häufig als Folge anderer Pflegefehler, befallen die Pflanzen. Besonders die Mehrfacherkrankungen überfordern den Laien. Daher immer den Rat beim Fachmann suchen!

In der Natur haben sich die Orchideen an ihren Lebensraum angepasst und entwickeln spezielle Abwehrmechanismen, um am jeweiligen Standort, z. B. als Epiphyt, zu überleben. Trotzdem kommen sie als langsam wachsende Pflanzen nicht immer ohne Blessuren davon. Zu nennen sind Schädlinge, Umweltkatastrophen oder einfach nur ein schneller wachsender Nachbar, durch den Lichtmangel entsteht. Makellos sind sie daher nie. Doch Gärtner verlangen wegen ihrer Kunden vollkommene Pflanzen! Um krankheitsfreie Orchideen in großer Anzahl zu produzieren ist der Einsatz von Pflanzenschutzmitteln unverzichtbar. Bei der Pflege zu Hause sollte man allerdings darauf verzichten. Veränderungen an der Orchidee beobachten und schnell darauf reagieren ist die effektivste Schädlingsbekämpfung. Bei Orchideen gibt es alle Krankheiten und Schädlinge, die auch bei anderen Zimmerpflanzen auftreten, und genauso gefährlich oder harmlos sind sie auch hier. Auch auf die Nachbehandlung sollte man Wert legen, da man nicht immer auch die Jungtiere trifft.

KRANKHEITEN, SCHÄDLINGE, PFLEGEFEHLER

Beobachten und vorbeugen

Sogenannte **Orchideenkrankheiten** entwickeln sich **oft erst durch falsche Pflege**. Häufigste Ursachen sind Nässe, Trockenheit, verbrauchtes Substrat, Lichtmangel oder -überschuss, zu wenig oder zu viel Salze und Dünger. Die Folgeschäden solcher zunächst nicht parasitären (abiotischen) Schädigungen fördern in der Folge parasitäre (biotische) Schädiger. Meist sind das Pilze und Bakterien. Vorgeschädigte Orchideen können sich in der Regel auch nur schlechter gegen tierische Schädlinge zur Wehr setzen.

Tierische Schädlinge treten auch an eigentlich gesunden Pflanzen auf, da sie ja mobil sind (Zuflug). Bei den Orchideen treten Woll- und Schildläuse (Bild) neben Trauermücken und Spinnmilben am häufigsten auf. Zum Glück lassen sich tierische Schädlinge leichter erkennen als Bakterien oder Pilze. Jede Bewegung auf Blatt oder Blüte oder Wurzel ist verdächtig!

Das Erkennen von Veränderungen ist wichtig. Der zuerst bemerkte Schaden wie **Flecken oder Punkte im Blatt** kann viele Ursachen haben: Bakterien, Blattnematoden, Viren oder saugende Insekten. Auch Pilze und abiotische Gründe wie Verbrennungen oder Frost spielen eine Rolle. Einen eindeutigen Befund wird nur ein Pflanzenschutzfachmann oder ein Orchideengärtner ermitteln können. Diesen sollte man in jedem Fall einholen, bevor irgend etwas unternommen wird!

Auch ein **falscher Standort oder Unachtsamkeit** haben Folgen, hier wurde das Blatt gequetscht, beispielsweise durch den Bindedraht. Manchmal genügt schon der Haltestab der Blüte oder sogar der Druck anderer Blätter bei einem zu engen Stand. Zum Glück heilen solche Schäden schnell und meist folgenlos, wenn keine weiteren Schadorganismen einholen, bevor irgend etwas unternommen wird..

Substratveränderungen

Weiße oder graue Ablagerungen auf der Oberfläche des Substrates entstehen durch die Verdunstung von Wasser, insbesondere bei hartem (kalkhaltigem) Gießwasser und Substraten mit Blähton- oder SERAMIS®-Anteil. An der Oberfläche bleiben die Salze zurück. Davon sind hauptsächlich dünne Luftwurzeln betroffen. Abhilfe schafft kräftiges Ausspülen des Substrates.

Algen, Moose oder Lebermoose auf der Substratoberfläche sind normal! Wenn sie allerdings die gesamte Oberfläche verschließen, sind sie auch ein Hinweis auf zu hohe Feuchtigkeit im Substrat. Dies ist jedoch selten der Fall, außer im Gewächshaus! Wenn notwendig, die Pflanze trockener halten und die oberste Substratschicht erneuern oder aufrauen.

KRANKHEITEN, SCHÄDLINGE, PFLEGEFEHLER

Schädlinge

Zeigen sich gesprenkelte Blätter, die zunehmend vergilben und zum Schluss ganz absterben, kann es sich um die hier gezeigte **Orchideenspinnmilbe** *(Tenuipalpus pacificus)* handeln. Sie entwickelt kein Gespinst, ist aber noch gefährlicher als die Gemeine Spinnmilbe. Sie ist kleiner und ohne Lupe kaum wahrnehmbar. Im Allgemeinen lieben Spinnmilben trockene Luft, diese Art kann sich jedoch auch bei höherer Luftfeuchtigkeit entwickeln.

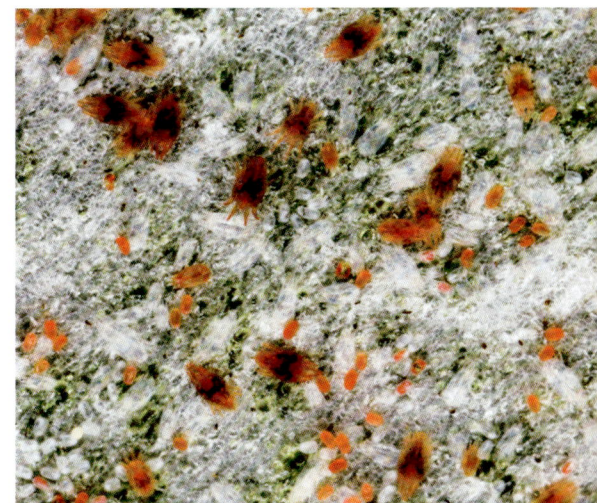

Geschwächte Pflanzen laden zur Eiablage ein, unbedingt auch den Pflanzstoff vor der Verwendung auf Schädlingsgelege prüfen. **Vorbeugend Gelbtafeln oder -sticker** oder eine knallgelbe Schale mit Wasser aufstellen, dem ein paar Tropfen Spülmittel zugegeben werden. Trauermücken »fliegen« auf Gelb. Entweder sie kleben fest oder sie ertrinken. Eine weitere natürliche Abwehrmethode ist die Kultur von Fettkrautpflanzen *(Pinguicula)* in der Nähe der Orchideen: an diesen bleiben die lästigen Insekten ebenfalls kleben.

Wird eine mehlige, weißliche Wachsschicht bemerkt, handelt es sich um **Wollläuse**, eigentlich auch Schildläuse, jedoch ohne Schild. Geschützt werden sie durch weiße bis braune Wachsausscheidungen. Auch bei Wolllausbefall folgt sehr häufig eine Besiedelung mit Rußtaupilzen. Wollläuse verstecken sich unter den Blättern, sitzen an Blütenstielen und Blütenblättern oder unter der Bastschicht der Bulben.

Veränderungen an den Blättern

Blätter verdrehen sich wie eine »Ziehharmonika«: die Ursache dafür ist eine unregelmäßige Versorgung mit Wasser und Salzen, die zu Spannungen im Blattgewebe führt. Das Wachstum erfolgt »stoßweise«, was dieses Erscheinungsbild nach sich zieht. Geringfügig bleibt das ohne Folgen, jedoch sollte die Ursache abgestellt werden. Verkrüppelungen treten auch bei Viruserkrankungen auf, daher bei einer Verformung der Blätter einen Fachmann um Rat ersuchen.

An den Blättern von *Paphiopedilum*, *Phalaenopsis* und *Zygopetalum* entstehen zunächst **kleine runde braune Flecken**. Diese sind scharf vom gesunden Gewebe abgegrenzt und können später durch Zusammenfließen zu eingesunkenen glänzend schwarzen Flecken führen. Es handelt sich um die Brennfleckenkrankheit (Anthraknose), ebenfalls ein Pilz. Kommt es zur Ausbreitung, kann die gesamte Pflanze absterben. Befallene Teile daher abtrennen, Pilzmittel verwenden.

Für **glasige, durchscheinende Blätter** sind verschiedene, schwer zu identifizierende Bakterienerkrankungen die Ursache. Dazu zählt die hier gezeigte Nassfäule, die sich zunächst durch weiche, gelbliche Flecken an den Blättern äußert. Die Fäule beginnt an der Blattbasis, breitet sich dann aber über das ganze Blatt aus. Es gibt keine Bekämpfungsmöglichkeit, daher muss die Pflanze leider entsorgt werden.

Braune, meist klar abgegrenzte, Verfärbungen auf den Blättern sind oft ein Hinweis auf die Behandlung mit einem unverträglichen oder falsch dosierten Pflanzenschutzmittel oder auf einen Kälteschaden durch das Treibmittel in Sprühdosen nach zu häufigem Behandeln mit Blattglanzmitteln. Es kann sich aber auch um Verbrennungsschäden durch Überhitzung handeln. Davor sollte man die Pflanzen schützen.

Wenn sich die gesamte **Blattfläche rötlich verfärbt**, geschieht dies meist durch intensive Sonneneinstrahlung. Häufig färben sich sogar die Sprosse rot, letztlich verbrennt das Blattgewebe. Abhilfe verschafft Schattieren. Eine andere mögliche Ursache, häufig in Verbindung mit dem Einrollen der Blätter, ist eine zu niedrige Temperatur am Standort. In diesem Fall natürlich wärmer kultivieren.

Veränderungen an den Blüten

Verformte Blüten, aber auch kleine oder breitflächige, meist hellere Gewebeteile an jüngeren Blättern können Folgen eines Virusbefalls sein. Nach der Reife des Blattes verändern sich diese Aufhellungen zu eingesunkenen schwarzen Flecken, zunächst hauptsächlich an der Blattunterseite, später auch auf der -oberseite. Bei starker Schädigung fallen die infizierten Blätter ab. Hier kann nur der Fachmann eine Diagnose stellen.

Adressen, die Ihnen weiterhelfen

Die meisten der vorgestellten Orchideenarten und -sorten finden Sie in gut sortierten Gartencentern und Gärtnereien. Darüber hinaus gibt es eine Reihe spezieller Orchideengärtnereien, darunter die nachfolgend ohne jeden Anspruch auf Vollständigkeit genannten, bei denen Sie sicher fündig werden.

Orchideengärtnereien

Wichmann Orchideen e.K
Tannholzweg 1–3
29229 Celle
Tel.: 0 51 41 / 93 72 0
www.orchideen-wichmann.de

Orchideen Garten Marei Karge
Bahnhofstraße 24–26
21368 Dahlenburg
Tel.: 0 58 51 / 266
www.karge-orchideen.de

Wilhelm Hennis Orchideen
Dipl.-Kfm. Thilo Hennis
Große Venedig 4
31134 Hildesheim
Tel.: 0 51 21 / 3 56 77
www.hennis-orchideen.de

Röllke Orchideenzucht GbR
Flößweg 11
33758 Schloss Holte-Stukenbrock
Tel.: 0 52 07 / 92 05 39
www.roellke-orchideen.de

Orchideen Holm
Marko Holm
Alte Bahn 206
47551 Bedburg-Hau
Tel.: 0 28 24 / 31 67
www.orchideen-holm.de

Lemförder Orchideenzucht
Inh. Neopur Technologien
Am Rauhen Berge 8
49448 Lemförde
Tel.: 0 54 43 / 651
www.loz.de

Orchideen Koch
Inh. Thomas Koch e.K.
Lindenhof
57368 Lennestadt
Tel.: 0 27 21/10 187
www.orchideen-koch.de

Orchideen Röhl GbR
Jens und Dirk Röhl
Stemweg 14
59494 Soest-Paradiese
Tel.: 0 29 21 / 60 382
www.orchideen-roehl.de

Wössner Orchideen
Inh. Franz Glanz
Hauptstr. 28
83246 Unterwössen
Tel.: 0 86 41 / 83 50
www.woessner-orchideen.de

Blumen Janke
Inh. Rainer Janke
Mackenbacher Straße 72
67658 Weilerbach
Tel.: 0 63 74 / 99 19 90
www.blumen-janke.de

Orchideengärtnerei
Klaus-Dieter Lohoff
Wilfriedstraße 39
33649 Bielefeld
Tel.: 05 21 / 94 66 983
www.orchideen-lohoff.de

Orchideen-Valerius Gartenbau
Dirk Jäger
Putenweg 70
12355 Berlin
Tel.: 0 30 / 66 33 038
www.orchideen-valerius.de

Großräschener Orchideen
W. Seelenbinder Str. 21
01983 Großräschen
Tel.: 0 35 753 / 57 91
www.orchideenwlodarczyk.de

Orchideen Lucke
Inh. Jörg Frehsonke
Bergschenweg 6
47506 Neukirchen-Vluyn
Tel.: 0 28 45 /2 86 12
www.orchideen-lucke.de

Orchideenzucht Schronen
Inh. Guido Schronen
In der Elkes 3–5
54689 Daleiden
Tel.: 0 65 50 / 14 38
www.orchideen-schronen.de

Liebhabergesellschaften

Orchideenliebhaber in Deutschland sind in der Deutschen Orchideen Gesellschaft e. V. und in der Vereinigung Deutscher Orchideenfreunde e. V. zusammengeschlossen. Es gibt jeweils Landes- und Bezirksgruppen, eine davon hoffentlich in Ihrer Nähe.

Deutsche Orchideengesellschaft e. V. (DOG)
Im Zinnstück 2
65527 Niedernhausen
Tel.: 0 61 27 / 70 57 704
www.orchidee.de/

Vereinigung Deutscher Orchideenfreunde
e. V. (V.D.O.F.)
Geschäftsstelle: Rita Jonuleit
Mittel-Carthausen 2
58553 Halver
Tel.: 0 23 53 / 13 71 19
www.orchideen-journal.de

Österreichische Orchideengesellschaft
p.A. Erika Tabojer
Birkengasse 3
A-2601 Sollenau
www.orchideen.at

Schweizerische Orchideengesellschaft
Postfach
5000 Aarau
www.orchideen.ch

Stichwortverzeichnis

Adaglossum 'Mandarin' 39
Algen 100, 120
Aliceara 'Eurostar' 40
Ameisen 95
Ampelgefäß 45, 93, 109
Anthraknose 122
Antilopen-Dendrobien 75
Artenschutzabkommen 8
Ascocenda 78
Ascocentrum miniatum 'Kai Gold' 79
Asteraceae 8
Aufbinden 51, 113

Beallara 40
B. 'Eurostar' 40
B. 'Tahoma Glacier' 40
Bestäubung 15, 49
Bindematerial 113
Blähton 80, 107, 115
Blätter 14, 74, 119, 122
Blattfläche, rötlich verfärbt 123
Blattflecken 68
Blattglanzmittel 123
Blattnematoden 119
Blaukorn 60
Blüte 10, 19, 31, 57
Blüteninduktion 74
Blütenscheide 95
Botrytis 26
Brassocattleya 90
braune Flecken 122, 123
Brennfleckenkrankheit 122
Bulben 11, 41

Cambria 38
Cattleya 89
C. labiata 91
C. mossiae 91
Chlorophyll 103
CITES 8
Cochlioda 38
Cymbidium 55, 56, 58
C. 'Devon Wine' var. Milion Hybride 59
C. giganteum 56
C. lowianum 56, 57
C. 'Mistique' 58
C. tracyanum 57
C. 'Wine Shower' 58
C. 'Yellow River' 57
Cypripedium 9, 64
C. calceolus 64

Dendrobium 71, 72
D. 'Elegance' 73
D. kingianum 72
D. loddigesii 74
D. nobile 72
D. phalaenopsis 72, 74
D. 'Pocket Lover' 74
Dochtbewässerung 116
Doritis 18
Dosierung 105
Duft 20, 49
Düngung 25, 68, 103, 105
durchscheinende Blätter 122

Epiphytische Lebensweise 9, 11, 13

Faulflecken am Blattgrund 45
Feuchtigkeitsfühler 99
Fingerprobe 60, 99
Flecken 119
Folienverpackung 61
Fotosynthese 14, 103
Frauenschuh 8, 9, 10, 64, 65, 67, 68

Gelbe Blätter 24
Gelbtafeln 121
Gemeine Spinnmilbe 121
Geotropismus 50
Gewächshaus 58
Gewebevermehrung 15
Gießen 99, 100
Gießfehler 75
Gießhilfen 114
Grauschimmel 26
grüne Läuse 52

Hauptnährstoffe 103, 104
Herzblatt 23
Herzfäule 26
Hydrokultur 35, 114, 115

Induktion 57

Kahnlippe 56
Kalk 68, 105
Kälteschaden 25, 123
Kieselsteine 75
Kindelbildung 19, 107

Klimavasen 117
Knospenfall 34, 75
Kokoschips 108
Kompensationspunkt 14
Kopfstecklinge 15
Kulturgefäße 109

Labellum 10
Laelia-Hybriden 9
Laeliocattleya 90
L. 'Alma Wichmann' 95
L. 'Thai Glow' 91
L. 'Trick or Treat' 92
Lebermoos 120
LECHUZA® 27, 35, 69, 81, 86, 87, 111, 116, 117
Leitungswasser 117
Lichtanspruch 102
lichtdurchlässige Töpfe 109
Lichtmangel 21, 75, 119
Lichtstärke 14
Lithophyten 9, 48
Luftfeuchtigkeit 101, 113
Luftwurzel 12, 13, 22, 110

Mehrgattungshybriden 37
meristematische Zellen 15
Miltassia 'Toskana' 45
Miltonia 29, 30, 38
M. 'Beethoven'. 33
M. 'Celle' 31
M. 'Hannover' 35
M. 'Luzifer' 33
M. schroederiana 40
M. 'Sunset' 34
M. warscewiczii 40
Miltonidium 'Hawaiian Sunset' 40
M. 'Pupukea Sunset' 40
Miltoniopsis 30, 31
M. phalaenopsis 30, 41
M. roezlii 30
M. vexillaria 30
Miniatur-Cymbidium 59
Mini-Cymbidium Typen 58
Mini-Phalaenopsis 'Little Lady' 20
monopodial 11
Moos 100, 120

Nachtabsenkung 92
Nährstoffmangel 26
Nassfäule 122

STICHWORTVERZEICHNIS

*O*dontioda 'George Mac Mahon' 39
O. 'Shelly Parade' 39
O. 'Samurai' 41
Odontocidium 'Susan Kaufmann' 50
Odontoglossum 38
O. 'Elle's Triumph' 39, 44
Office Orchids 20
Oncidium 38, 47, 48
O. *enderianum* 50
O. *eurycline* 52
O. 'Gower Ramsay' 49
O. 'Jack Rainbow' 49
O. *ornithorhynchum* 49
O. 'Sharry Baby' 53
Orchideenspinnmilbe 34, 44, 121
Orchideensubstrat 110
Orchideenvasen 114

*P*antoffelschuh 65
Paphiopedilum 8, 63, 64, 68
P. *bellatulum* 68
P. *callosum* 8
P. *glaucophyllum* 65
P. 'Harbur Comet' 68
P. *insigne* 64
P. 'Pinocchio' 65
P. *primulinum* 65
P. *villosum* 66
Paste 107
Perlite 107
Petalum 10
Pflanzenschutzmittel 118
Pflegefehler 119
Phalaenopsis 17, 18, 19
Ph. *amabilis* 18
Ph. *bellina* 20
Ph. *equestris* 18
Ph. 'Liodoro' 20
Ph. *mannii* 19
Ph. 'Mini Mark' 20
Ph. *schilleriana* 18
Ph. 'Table Dance' 20
Ph.s violacea 18
Phosphor 103
Phragmipedium 66
pH-Wert 69
Pinguicula 121
Pinienrinde 24, 108
Potinara 90
P. 'Burana Beauty' 93
Pseudobulben 11
Psychopsis 53
P. 'Kalihi' 53
P. *papilio* 48

*R*egenwasser 22, 101, 117
Resupination 10
Revolverblüher 65
Rotfärbung 74
Rückbulben 11
Ruhephase 73
Rußtaupilze 121

*S*alzempfindlich 41, 52
Salzkruste 86
Salzmangel 101
Samen 10, 14
Säule 10
Schattierung 22
Schaumstoff 107, 110
Scheinzwiebel 11
Schildläuse 95, 119
Schlaffe Blätter 23
Schmetterlingsorchidee 18
Schnecken 34, 59
Schnittmaßnahmen 112
schwarze Flecken 52
Selenipedium 64, 66
SERAMIS® 27, 35, 45, 69, 81, 86, 87, 115
Sophrolaeliocattleya 'Vallezac' 91
Sophronites coccinea 91
Sphagnum 51, 113
Spinnenorchideen 45
Spinnmilben 34, 119
Spurenelemente 104
Spurennährstoffe 103
Starkzehrer 103
Staubblatt 10
Staunässe 51, 67
Steinwolle 107, 108
Stickstoff 103
Styropor 43, 107, 108
Substrat 69, 107, 120
Südfenster 22
sukkulent 14, 23
Symbiosepilze 10
sympodial 11

*T*auchen 100
teilen 15
Teilung 8, 107
Temperatanspruch 23, 42, 50, 102
Tenuipalpus pacificus 34, 44, 121
Terminalknospen 21, 26
terrestrisch 9
transparente Übertöpfe 23
Transportschaden 24
Trauermücken 119

*Ü*bersprühen 105
Umtopfen 24, 43, 110
Untersetzer 101

*V*anda 77, 78
V. 'New Shadow' 79
Vanille 10
Vase 81
Velamen 13
Venusschuh 65
Verblühte Rispen 53
Verbrennungen 119
Verbrennungsschäden 123
Verformte Blüten 123
Verholzte Sprossachsen 24
Vermehrung 14, 106
Versalzung 69
Viren 119
Vogelkopforchidee 49
Vuylstekeara Cambria 38

*W*achsschicht 121
Wachstumshormone 107
Wachstumsstörungen 41
Warmhaus-Orchideen 22
Waterfall-Orchideen 18, 20
Wollläuse 44, 95, 119, 121
Wurzelbildung am Trieb 41
Wurzeln 12, 13, 32, 42

*Z*eolith 116
Ziehharmonika-Verformung 34, 41, 122
Zugluft 27, 61
Zygopetalum 83, 84
Zygopetalum 'Harlekin Cappucino' 85
Zygopetalum 'Rhein Blue' 86

Über den Autor

Jörn Pinske ist ausgebildeter Gärtner, seine Lehre machte er in Hamburg bei der damals ältesten Orchideengärtnerei. Er arbeitete viele Jahre in der bekannten deutschen Orchideengärtnerei Wichmann in Celle und war dort für Kultur und Vertrieb der Orchideen zuständig. Danach betrieb er einen Schaugarten mit Kleingewächshäusern der führenden Hersteller aus diesem Bereich, dabei ging es um Konstruktion und praktische Nutzung der Häuser. Schließlich wechselte er in den Vertrieb von Spezialdüngern und Pflanzenschutzprodukten. Daneben ist er seit über 30 Jahren als Autor von Gartenbüchern und Beiträgen in Fachzeitschriften tätig.

Bibliografische Information der Deutschen Nationalbibliothek
Die Deutsche Nationalbibliothek verzeichnet diese Publikation in der Deutschen Nationalbibliografie; detaillierte bibliografische Daten sind im Internet über http://dnb.d-nb.de abrufbar.

BLV Buchverlag GmbH & Co. KG
80797 München

© 2011 BLV Buchverlag GmbH & Co. KG, München

Das Werk einschließlich aller seiner Teile ist urheberrechtlich geschützt. Jede Verwertung außerhalb der engen Grenzen des Urheberrechtsgesetzes ist ohne Zustimmung des Verlags unzulässig und strafbar. Das gilt insbesondere für Vervielfältigungen, Übersetzungen, Mikroverfilmungen und die Einspeicherung und Verarbeitung in elektronischen Systemen.

Bildnachweis: Alle Abbildungen stammen vom Autor

Umschlagkonzeption: Kochan & Partner, München
Umschlagfotos: Flora Press/Visions (Vorderseite); Pinske (Rückseite)

Programmleitung: Dr. Thomas Hagen
Lektorat: Redaktionsbüro Wolfgang Funke

Herstellung: Hermann Maxant

DTP: Satz+Layout Peter Fruth GmbH, München

Gedruckt auf chlorfrei gebleichtem Papier

Printed in Germany

ISBN 978-3-8354-0814-2

Mediterranes Flair für zu Hause

Monika Klock/Thorsten Klock
Zitruspflanzen
Die schönsten Zitruspflanzen im Porträt · Pflegepraxis: Standort, Gefäße, Gießen, Düngen, Überwintern, Pflanzenschutz · Kulturgeschichte sowie Rezepte für Getränke und Speisen, für Aromatherapie und Kosmetik.
ISBN 978-3-8354-0818-0